나는 오늘도 버섯을 관찰합니다

일러두기
1. 이 책에 나오는 생물 이름은 국립생물자원관 한반도의 생물다양성 사이트(https://species.nibr.go.kr/index.do)와 국립수목원 국가표준버섯목록 사이트(http://nature.go.kr/kfni/index.do)를 기준으로 삼았습니다.
2. *기호가 붙은 이름은 아직 우리나라 이름이 없어서 네덜란드어나 영어를 그대로 번역한 것입니다. 인터넷 검색 등을 할 때는 찾아보기에 나오는 학명을 사용하세요.

Paddenstoel & Co (English title : Mushroom & Co) by Geert-Jan Roebers & Wendy Panders
© 2023 text Geert-Jan Roebers
© 2023 illustrations Wendy Panders
Photos on page 13, 33, 34, 54, 57, 63, 67, 85, 90, 93, 103, 109 by Shutterstock
Originally published by Uitgeverij J.H. Gottmer/H.J.W. Becht bv, Haarlem; a division of Gottmer Uitgeversgroep BV
Korean Translation Copyright ⓒ 2024 by PAN Publishers
All rights reserved.
The Korean language edition published by arrangement with
Gottmer Uitgeversgroep BV through MOMO Agency, Seoul.

이 책의 한국어판 저작권은 모모 에이전시를 통해 Gottmer Uitgeversgroep BV사와의 독점 계약으로 판퍼블리싱에 있습니다.

나는 오늘도 버섯을 관찰합니다

헤르트얀 루버르스 글·웬디 판더스 그림·신동경 옮김·정다운 감수

1 멋진 모자, 떠다니는 공, 냄새 나는 기둥 · 7

버섯 하면 떠오르는 것은? · 8
괴상한 모양, 이상한 이름 · 10
믿기 힘든 이야기, 놀라운 사실 · 14
진짜 이야기하고 싶은 버섯의 정체 · 16

2 곰팡이를 만나러 가자 · 19

버섯 아래 세상 · 20
곰팡이도 성장해 · 24
곰팡이가 곰팡이를 만나면 · 28
땅속에서 솟아오르는 버섯 · 36
슈퍼맨 곰팡이 · 40

3 어둠 속의 제국 · 43

질서 세우기 · 44
곰팡이가 살아온 역사 · 46
이 곰팡이는 어디 소속? · 50

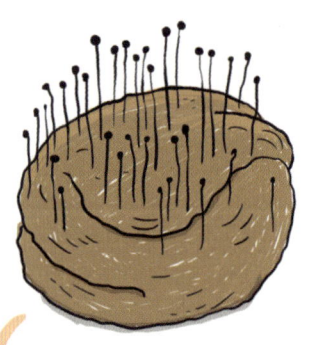

4 쓰레기도 치우고 비도 내리고 · 59

숲은 누가 치우지? · 60
신선한 나무가 좋아 · 64
고기를 좋아하는 곰팡이 · 68
먹히는 곰팡이 · 74
흙과 빗물, 그리고 곰팡이 · 76

5 든든한 우정 · 79

식물과 함께 사는 곰팡이 · 80
동물과 함께 사는 곰팡이 · 91

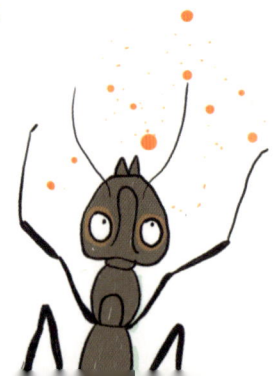

6 곰팡이와 사람 · 97

질병과 중독을 일으키는 곰팡이 · 98
병도 주고 약도 주고 · 104
식탁에 오르는 버섯 · 110
약을 만들고, 공장에서 일하고 · 114
총과 마약 · 118
곰팡이 연구와 보호 · 120

7 내 손으로 해 보는 버섯 연구 · 123

버섯을 찾아 보자 · 124
버섯 수집과 연구 · 128
마지막 테스트 · 130

곰팡이 버섯 사전 · 132

찾아보기 · 134

이 책에는 버섯이 많이 나와. 그중에서 지금 보고 있는 자주색 버섯은 특별한 버섯이야. 알아 두면 좋은 내용을 적은 메모장이지. 글이 조금 어렵고, 버섯과 곰팡이를 이해하는 데 필수적인 내용은 아니야. 그러니까 꼭 읽지 않아도 괜찮아. 다른 버섯처럼 금방 사라지진 않을 테니까 일단 지나쳤다가 나중에 읽어도 돼.

어려운 낱말

가끔 다른 글자보다 크고, 색깔도 다른 낱말이 나올 거야. 버섯 메모장에서 그런 낱말을 만난다면? 뭐, 어려운 낱말을 좋아한다면 기억해 두면 좋지만, 꼭 그럴 필요는 없어. 버섯 메모장의 글은 필수적인 게 아니니까. 다른 글에서 그런 낱말을 만난다면? 나중에도 계속 나올 테니까 머릿속에 잘 넣어 두는 게 좋아. 어려운 낱말은 이 책 끝에 있는 '곰팡이 버섯 사전'에 잘 설명해 놓았으니까 글을 읽다가 무슨 뜻인지 모르겠거든 찾아서 읽어 봐.

1 멋진 모자, 떠다니는 공, 냄새 나는 기둥

이 책에는 버섯이 나와. 버섯이 나온다니 시시하겠다고? 천만의 말씀! 몇 쪽만 넘겨 보면 금방 알 거야. 뻔한 사실만 나오는 다른 책하고는 확 다르다는 걸 말이야. 게다가 이 책에는 버섯의 친구들도 나와. 그게 누군지 궁금하지? 그럼 조금 더 읽어 봐.

버섯 하면 떠오르는 것은?

버섯이라는 말을 들으면 뭐가 가장 먼저 떠오르니? 이야기에 나오는 버섯 요정이 생각난다고? 아니, 진짜 버섯 말이야. 아마 가을 숲에서 버섯을 본 적이 있을 거야. 나무들은 거인처럼 보이고 버섯은 연약한 난쟁이처럼 보이지 않았니? 그런데 말이야, 난쟁이 같은 버섯이 없었다면 나무도 존재하지 못했어. 생물들이 바다를 벗어나지 못했을 테니까. 우리가 지금 이 책을 읽는 것도 버섯 덕분이야. 버섯이 없었으면 사람도 생겨나지 못했을 거거든.

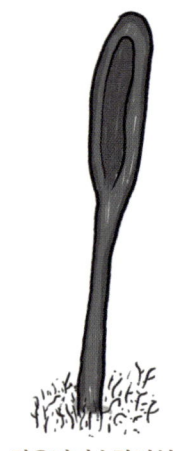

검은마귀숟갈버섯
후추등버섯*

버섯이 사악하다고?

버섯은 아름다워. 흥미롭기도 하지. 그렇지만 모두가 버섯을 좋아하는 건 아니야. 중세 유럽 사람들은 버섯을 싫어했어. 마녀가 버섯을 사악한 일에 쓴다고 믿었거든. 지금도 버섯이 이상하고, 더럽고, 위험하다고 여기는 사람들이 있어. 보통 사람들은 버섯에 별 관심이 없어. 가을에 숲을 산책할 때 버섯에 잠깐 관심을 보였다가 금방 잊어버리고 말아. 버섯이 중요하지도 않고 예쁘지도 않고 흥미롭지도 않다고 생각하는 거지. 진짜 뭘 모른다니까!

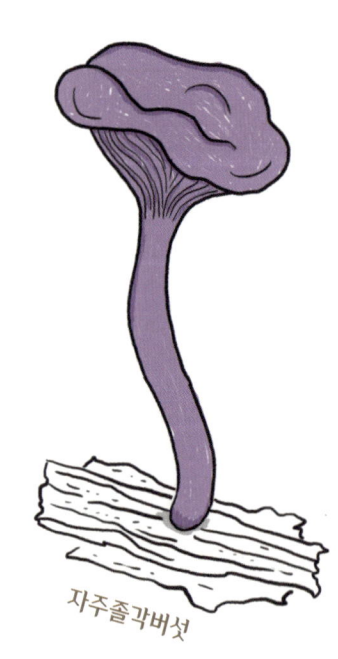
자주졸각버섯

겨울에도 버섯, 길거리에도 버섯

좋은 소식이 있어. 우리나라에 사는 버섯이 2,000종이 넘어! 버섯을 보고 싶다면, 지금 우리가 딱 좋은 곳에 살고 있는 거지. 겨울에는 버섯을 못 보지 않냐고? 아니야, 버섯은 사계절 내내 볼 수 있어. 술잔버섯은 이른 봄에 나타나고 황금흰목이는 심지어 얼음이 꽁꽁 어는 겨울을 더 좋아해. 버섯을 보려면 숲으로 들어가야 하는데, 그건 별로라고? 도시에서도 버섯을 발견할 수 있으니까 걱정하지 마. 여름양송이는 길거리에서 자라. 꽃버섯은 잔디밭에서, 큰졸각버섯은 덤불에서, 모래주름갓버섯은 모래밭에서, 선녀낙엽버섯은 낙엽 사이에서 모습을 드러내지.

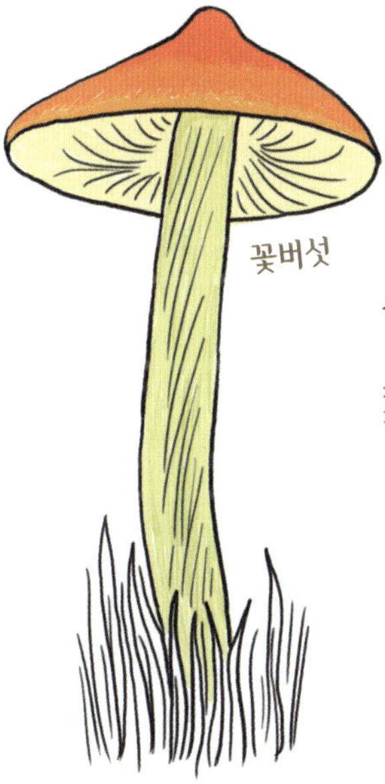

평범한 애들밖에 없잖아.

여름양송이*

꽃버섯

황금흰목이

큰졸각버섯

모래주름갓버섯*

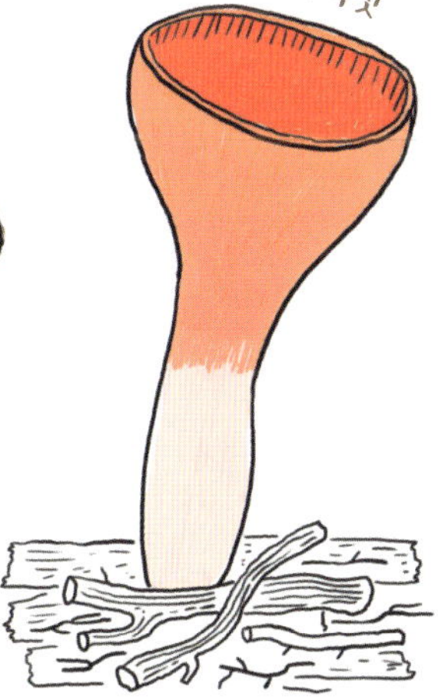

술잔버섯

선녀낙엽버섯

괴상한 모양, 이상한 이름

버섯을 보다가 질릴 일은 없을 거야. 모양이 진짜 괴상하거든. 양송이버섯도 우리한테 익숙해서 그렇지 생김새가 특이하긴 마찬가지야. 이상한 이름도 많아. 유럽 사람들이 버섯을 부르는 이름에는 중세에 믿었던 미신의 흔적이 남아 있어. 어떤 이름은 동화에 나오는 것처럼 사랑스럽고, 어떤 이름은 사납고 으스스해. 그 가운데 몇 개만 알려 줄게.
주의! 우리나라에서 부르는 이름과는 달라.

꼬마 부채

꼬마 요정의 의자

작은 솜털 발

꼬마 곤봉

꼬마 가루 파라솔

다발 이끼 구슬

꼬마 솜털 모자

꼬마 비단 다리

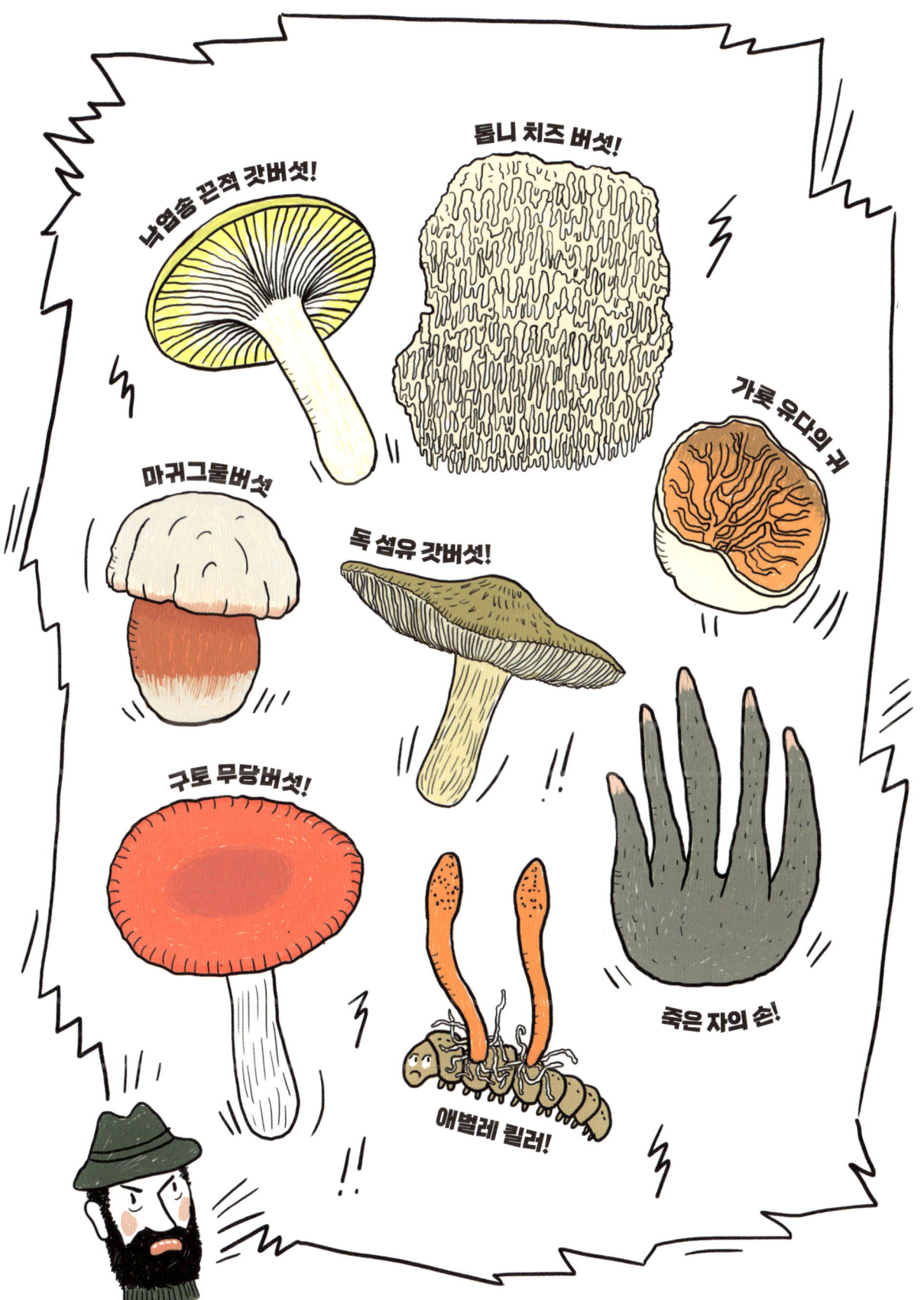

이름이 두 개씩이나

이 버섯들 참 이상하게 생겼지? 이름도 이상해.

이름이 두 단어인 버섯이 있지? 그건 학명이야.

어느 버섯이나 멋진 학명이 있어. 그렇지만 이 책에서는

아직 학명밖에 없는 몇 가지만 학명으로 부를 거야.

이름: **망태말뚝버섯** | 학명: **팔루스 인두시아투스**(*Phallus indusiatus*)

따뜻한 곳에서 잘 자라는 버섯이야. 웨딩드레스를 입은 것 같지? 모습은 아름다운데 냄새를 풍겨. 우리한테는 고약한 냄새지만, 파리가 꼬이는 걸 보면 파리한테는 매력적인 냄새인가 봐.

믿기 힘든 이야기, 놀라운 사실

버섯에 대한 흥미로운 이야기가 아주 많아.
믿기 힘든 이야기부터 들려줄게.

반딧불이가 빛을 내고, 깊은 바다에 사는 물고기가 머리에서 빛을 낸다는 이야기는 들어 봤을 거야. 하지만 빛을 내는 버섯이 있단 말은 못 들어 봤을걸. 열대 숲에 그런 버섯이 있어. 밤에 이 책을 읽을 수 있을 만큼 밝은 빛을 내지. 칠흑 같은 밤에 유럽 숲속을 방문하면, 호박등버섯이 빛을 내는 걸 볼 수 있어. 하지만 이 버섯은 매우 드물어. 우리나라에서도 자라는 뽕나무버섯도 빛을 내. 이 버섯에서 뻗어 나간 실 같은 덩굴이 휘감으면, 죽은 나무가 여름밤에 빛을 내. 나뭇가지가 잔뜩 떨어진 숲속 오솔길이 희미하게 빛날 수도 있단 거지. 진짜 멋지겠지?

호박등버섯*

뽕나무버섯

이제 깜짝 놀랄 만한 사실을 알려 줄게.

버섯이라고 다 난쟁이는 아니야.

- 영국 런던 큐 식물원의 느릅나무에서 자라난 흑잔나비버섯은 둘레가 5미터나 돼.
- 아프리카의 흰개미 집에서 자라난 버섯은 갓의 지름이 1미터나 돼. 이걸 식탁으로 쓴다면 의자 6개를 놓아도 충분하지.
- 축구공만큼 크게 자라는 댕구알버섯은 많아. 가끔 농구공만큼 큰 것도 있고, 드물지만 어른 몸통보다 큰 것도 있지.

댕구알버섯

아, 물론 난쟁이라는 말이 잘 어울리는 버섯도 있어.

- 송곳끈적버섯의 갓은 새끼손톱만큼이나 작아.
- 어떤 버섯은 현미경으로 봐야 해. 몇몇 나라에서는 버섯을 '두꺼비 의자'라고 부르는데, 이런 버섯은 너무 작아서 아무리 작은 두꺼비라도 앉지 못할 거야.

송곳끈적버섯*

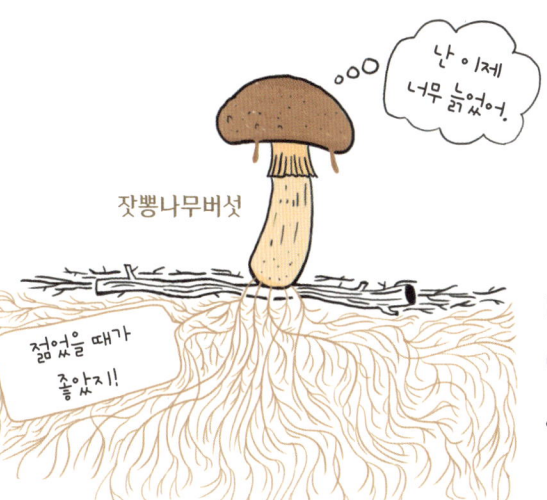

잣뽕나무버섯

버섯은 빨리 사라져도 땅속에서는 여전히 살아 있어. 아주 오래 살기도 하지.

- 미국 오리건주의 잣뽕나무버섯은 적어도 2,000년은 살았을 거야. 어쩌면 8,000살이 넘었을지도 모르고. 버섯이 기록을 남기지 않으니 정확한 나이는 알 수 없어.

버섯은 진짜로 펑! 터져.

- 그러면서 자손들을 시속 600킬로미터로 날려 보내. 경주용 자동차쯤은 쉽게 따돌릴 수 있는 속력이야.

그리고 어마어마하게 비싼 버섯도 있어.

- 2010년에 한 요리사가 1킬로그램도 안 되는 흰송로버섯을 1억 5,000만 원이나 주고 샀어. 금보다 훨씬 비싼 거야. 버섯이 금보다 건강에도 좋고 맛도 좋으니까 아깝진 않았을 거야.

흰송로버섯

진짜 이야기하고 싶은 버섯의 정체

우린 벌써 첫 번째 장의 마지막에 다다랐어. 하지만 아주 중요한 걸 아직 말하지 않았어. 버섯의 정체가 무엇인지 밝히지 않았지. 솔직히 말하면, 일부러 그런 거야. 처음부터 퀴퀴한 느낌을 주고 싶진 않았거든. 이제 더 미룰 수는 없겠어. 지금부터 버섯의 정체를 알려 줄게.

곰팡이

버섯이 곰팡이냐고?
맞아. 더 정확하게 말하면 곰팡이가 버섯을 키우는 거야.

아마 이런 곰팡이는 본 적이 있을 거야.
- 먹다가 버려둔 샌드위치에 생긴 더러운 얼룩
- 썩은 오렌지 위에 붙은 푸르스름한 먼지
- 화장실 구석의 시커먼 자국

버섯을 키우는 곰팡이는 버섯보다 훨씬 커. 나무줄기만큼 큰 것도 있고 축구장보다 큰 것도 있지. 그런데 왜 우리 눈에는 엄청난 거인 곰팡이가 안 보이는 걸까? 땅속에 숨어 있기 때문이야. 숲속의 죽은 나무나 생물의 몸속에 숨어 있기도 하지. 곰팡이는 먹을 게 있는 곳이라면 어디에서나 자라. 그래, 곰팡이도 먹어.

땅속으로 가자

곰팡이가 무언가를 먹는다는 건, 곰팡이가 생물이란 뜻이지. 생물인 곰팡이는 똥도 누고, 수색도 하고, 사냥하고, 놀리고, 계획을 세우고, 음모도 꾸며. 이 얘기는 나중에 하고, 우선 버섯 아래 세상을 들여다보자. 곰팡이가 다스리는 땅속 세상에서는 지렁이, 두더지, 노래기, 나무와 온갖 식물 뿌리는 모두 조연이야. 다 곰팡이 왕의 신하지. 이게 무슨 뜻인지 금방 알려 줄게.

엄청나게 긴 발가락

빵에 핀 곰팡이

2 곰팡이를 만나러 가자

곰팡이 지하 왕국에 들어가려면 준비가 필요해. 야생 버섯이 무리를 지어 솟아난 숲으로 가서 주문을 외워. "작아져라, 얍!" 우리 몸은 그대로인데 주변이 변하기 시작할 거야. 나뭇가지가 기둥만큼 커지고, 땅바닥의 모래알이 돌멩이가 되었다가 사람보다 큰 바위가 되었다면, 준비 끝! 이제 몸이 충분히 작아졌으니 곰팡이를 보러 가 볼까?

버섯 아래 세상

버섯 아래쪽을 파면, 버섯에서 땅속으로 이어진 수많은 하얀 실이 보여. 서로 엉키고 연결되어서 네트워크를 이루고 있지. 이 네트워크에 버섯이 연결되어 있어. 실로 이루어진 네트워크가 버섯 무리보다 훨씬 커. 우리가 작아지기 전에 보았던 버섯은 '곰팡이 괴물'의 끝부분이야. 머리가 여러 개 달린 실뭉치 괴물 같다고? 버섯이 머리고? 아니야, 버섯은 땅속 거인의 손가락 끝이야. 땅속 네트워크와 땅 위로 올라온 버섯을 모두 합친 것이 곰팡이의 진짜 모습이지.

실로 이루어진 네트워크를 **균사체**라고 해.

균사체를 이루는 실 하나하나를 **균사**라고 해. 팡이실이라고 부르기도 하지.

균사는 진짜 가늘어. 균사 30가닥을 모아야 머리카락 굵기와 비슷해.

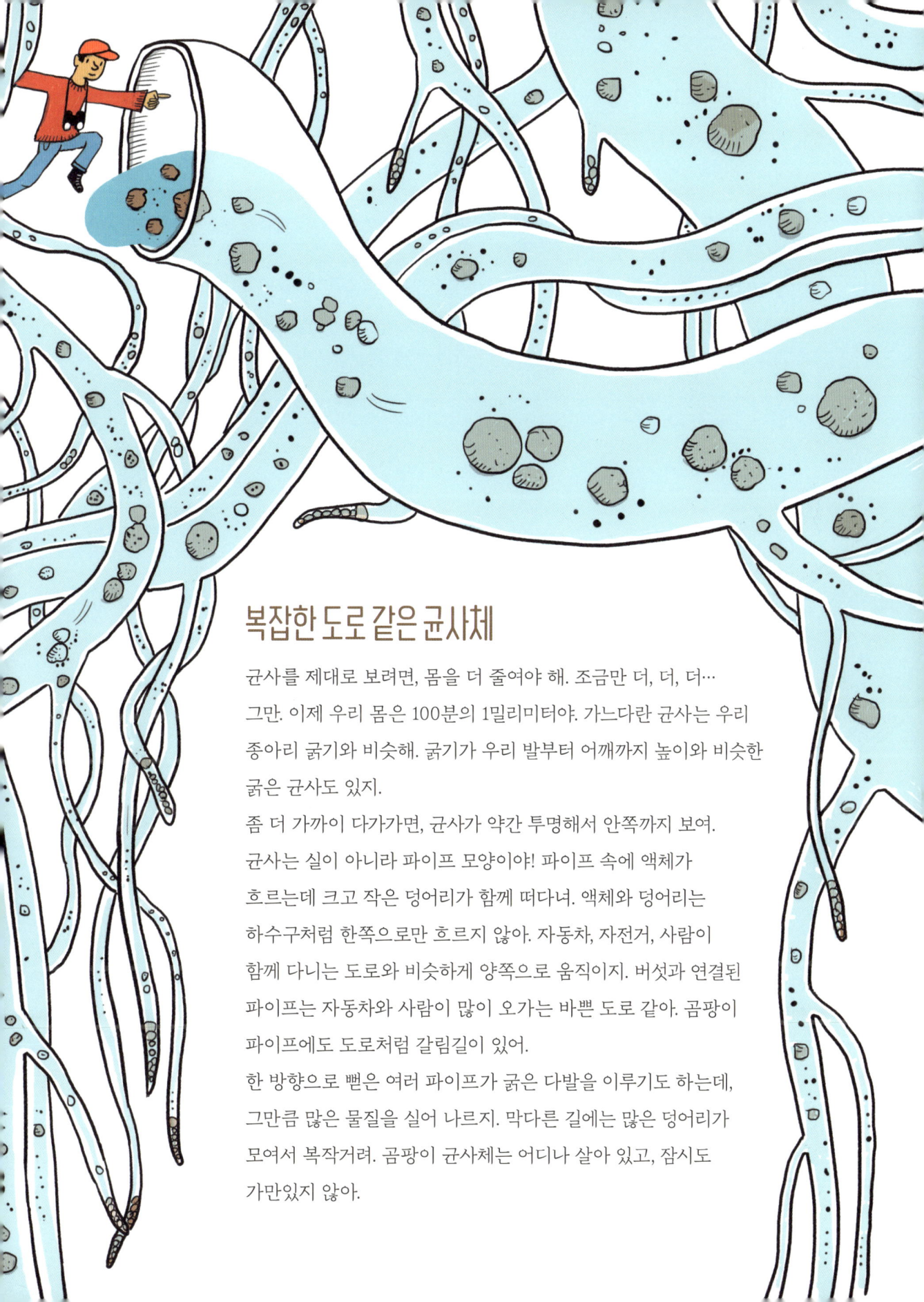

복잡한 도로 같은 균사체

균사를 제대로 보려면, 몸을 더 줄여야 해. 조금만 더, 더, 더…
그만. 이제 우리 몸은 100분의 1밀리미터야. 가느다란 균사는 우리
종아리 굵기와 비슷해. 굵기가 우리 발부터 어깨까지 높이와 비슷한
굵은 균사도 있지.

좀 더 가까이 다가가면, 균사가 약간 투명해서 안쪽까지 보여.
균사는 실이 아니라 파이프 모양이야! 파이프 속에 액체가
흐르는데 크고 작은 덩어리가 함께 떠다녀. 액체와 덩어리는
하수구처럼 한쪽으로만 흐르지 않아. 자동차, 자전거, 사람이
함께 다니는 도로와 비슷하게 양쪽으로 움직이지. 버섯과 연결된
파이프는 자동차와 사람이 많이 오가는 바쁜 도로 같아. 곰팡이
파이프에도 도로처럼 갈림길이 있어.

한 방향으로 뻗은 여러 파이프가 굵은 다발을 이루기도 하는데,
그만큼 많은 물질을 실어 나르지. 막다른 길에는 많은 덩어리가
모여서 복작거려. 곰팡이 균사체는 어디나 살아 있고, 잠시도
가만있지 않아.

곰팡이도 세포로

파이프 속을 걷다 보면, 가끔 칸막이를 만나게 돼. 이게 격벽인데 완전히 막힌 벽이 아니야. 격벽 때문에 흐름이 느려지지만, 작은 구멍들이 뚫려 있어서 덩어리가 지나갈 수 있지. 세포에 대해 배웠다면, 격벽으로 나뉜 칸들 하나하나가 세포라는 걸 금방 알 거야.

모든 생물은 세포로 이루어져 있어. 세포를 이루는 물질 대부분은 액체야. 다행히 세포벽이 액체를 둘러싸고 있어서, 세포가 엉망진창이 되지 않아. 곰팡이 세포의 세포벽은 사람 세포의 세포막보다 단단해. 세포벽이 주로 키틴으로 이루어져 있기 때문이지. 키틴은 곤충, 거미, 바닷가재의 단단한 껍질을 이루는 물질이야.

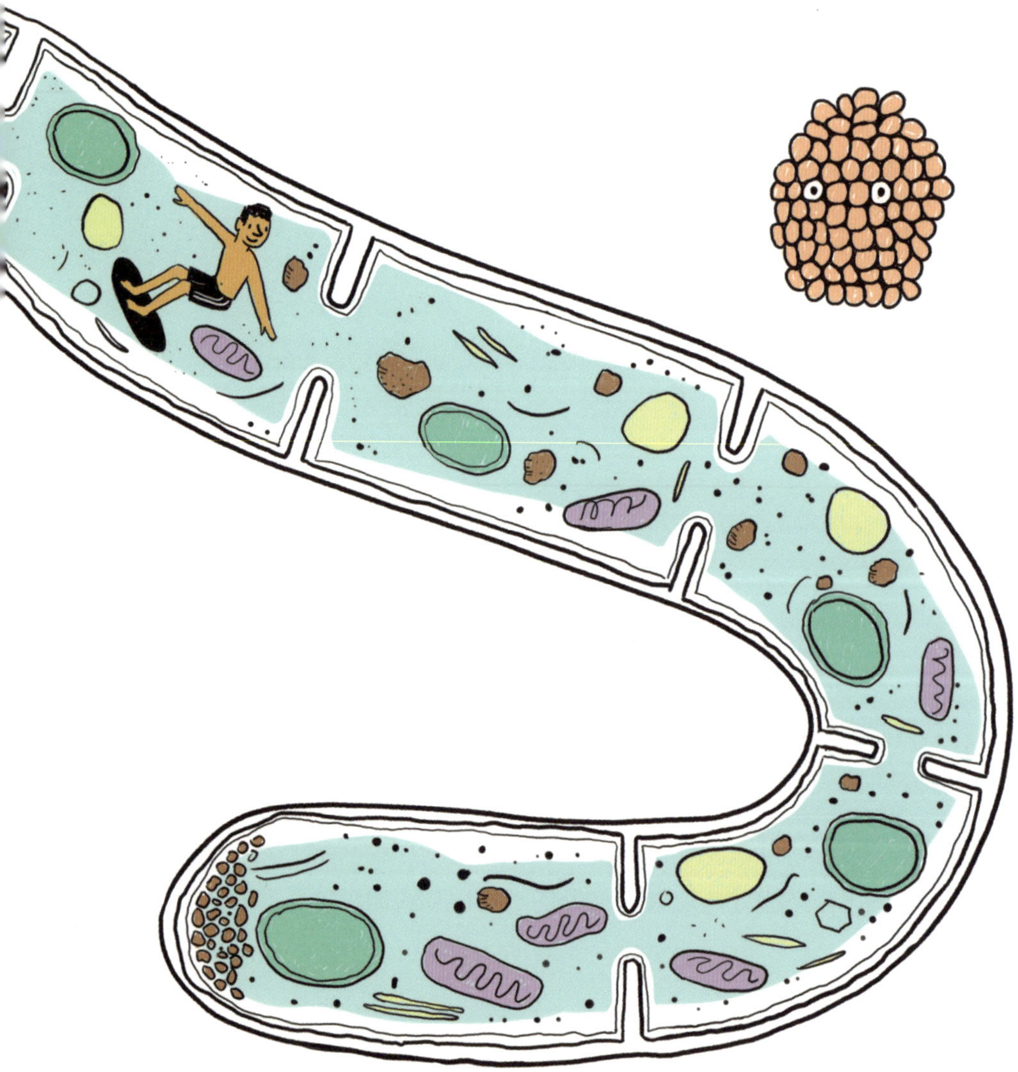

세포는 체계적이야!

진짜 생명은 세포 안에 있어. 언뜻 덩어리가 좀 섞여 있는 수프처럼 보이지만, 세포는 아주 체계적이야. 물질을 바꾸는 화학 공장도 있고, 사람의 뇌처럼 세포가 할 일을 빈틈없이 관리하는 세포핵도 있어.

한 생물은 수많은 세포로 이루어져 있어. 생물이 살아가는 데 필요한 일을 세포들이 나누어서 하지. 곰팡이 세포들은 긴 파이프가 네트워크를 이룬 상태로 함께 살아. 짚신벌레처럼 세포 하나로 이루어진 생물도 있어. 그런 생물을 단세포생물이라고 해.

세포 하나로 이루어진 곰팡이도 있어. 효모가 바로 단세포 곰팡이지. 효모는 땅속에도 있고 공기에도 섞여 있어.

세포도 자라. 하지만 끝없이 크게 자라지는 않아. 다 자라면 세포 하나가 둘로 나뉘어서 세포 두 개가 되지. 효모를 잘 살펴보고 있으면, 큰 알갱이에서 작은 알갱이가 불쑥 자라날 거야. 한 시간쯤 지나면 작은 알갱이가 떨어져 나와. 효모 세포가 두 개로 늘어나는 거야. 이게 효모의 번식 방법이야. 정말 놀랍지! 이런 방법으로 두 시간마다 둘로 갈라지면, 금방 엄청나게 많은 효모가 생겨.

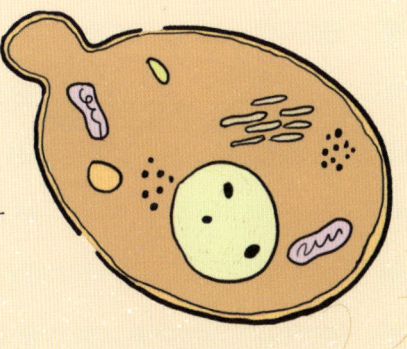

효모는 수천 종류가 있어. 서로 비슷해 보여도 유전자를 따져 보면, 별로 관련이 없는 종류도 많아.

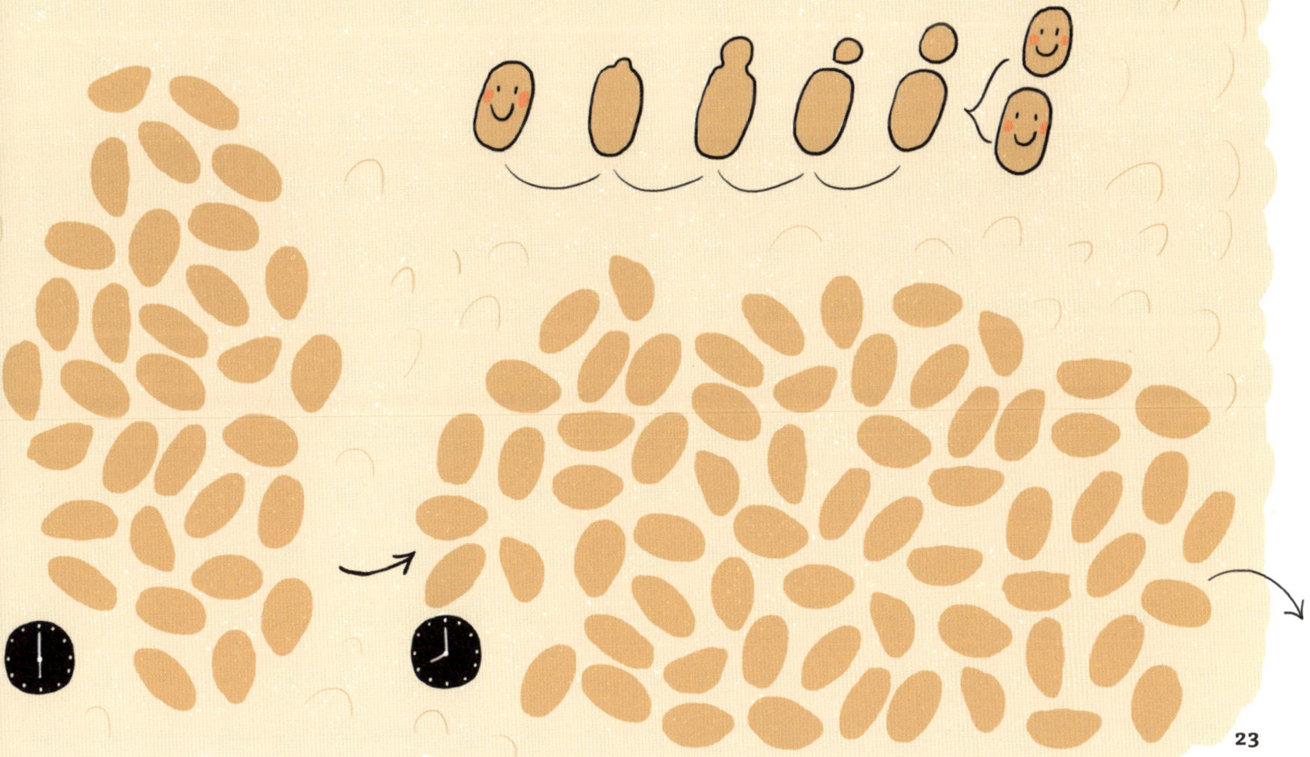

곰팡이도 성장해

균사는 끝부분의 세포가 분열하면서 자라. 효모와 달리, 분열로 새로 생긴 딸세포가 모세포에서 떨어져 나가지 않아. 그 자리에 눌러앉아서 균사 파이프의 한 부분이 되지. 균사는 주로 끝이 자라면서 점점 길어지지만, 옆으로 새로운 가지를 뻗기도 해. 그러면서 끝없이 이어진 네트워크를 만들지.

균사에 격벽이 아예 없는 곰팡이도 있어. 격벽이 없으니까 물질이 균사 파이프 속을 엄청 빨리 지나가겠지? 이런 곰팡이는 세포 안에서 일하는 세포소기관을 성장하는 지점으로 재빨리 보낼 수 있어. 그래서 아주 빨리 자라지.

곰팡이가 아무렇게나 자라는 건 아니야. 분명한 목표를 향해서 나아가지. 그러려면 우리처럼 주변을 보고 느낄 수 있어야 해. 곰팡이는 중력을 느끼기 때문에 위아래를 구분해.

똑똑한 효모

효모는 아주 똑똑한 단세포생물이야. 적합한 환경을 만나면 효모도 여러 세포가 네트워크를 이루면서 자라. 그때 효모의 정체를 분명히 알 수 있어. 효모도 곰팡이라는 사실 말이야.

곰팡이의 성장은 먹을거리 수색

곰팡이가 나아가는 목표는 먹을거리야. 날개도 없고 다리도 없는 곰팡이는 목표를 향해서 성장하며 나아가. 먹을거리가 어디 있는지 잘 모를 때는 사방으로 발을 뻗어. 그렇게 나아가다가 장애물에 막히면? 옆으로 돌아가지. 그럴 때 곰팡이가 왼쪽과 오른쪽 중에서 어느 방향을 선택할까? 둘로 쫙 갈라져서 양쪽으로 자라면서 나아가. 그러다가 먹을거리가 있다는 낌새를 맡으면, 균사체가 협조하여 먹을거리 가까이 있는 균사 끝부분을 집중해서 키워.

곰팡이가 장애물을 만날 때마다 돌아가는 건 아니야. 맨 앞의 세포가 펌프질로 물을 한쪽 끝으로 보내면, 그 부분이 자전거 공기펌프보다 다섯 배나 센 힘으로 장애물을 뚫어. 이런 방법으로 나뭇잎쯤은 쉽게 뚫고 나무줄기도 뚫어. 그리고… 사람 발톱도 뚫고 들어가.

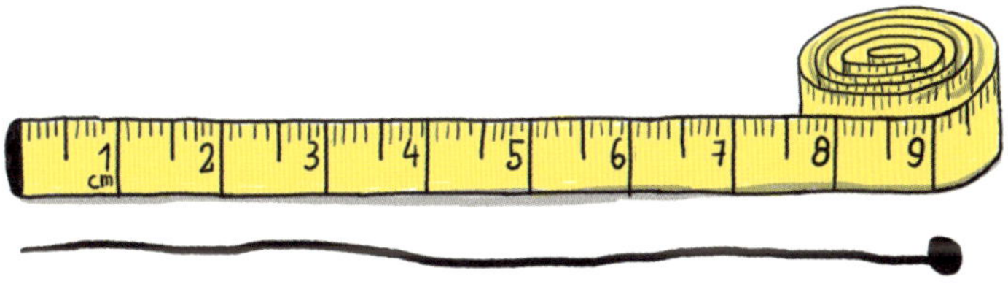

빵에 핀 곰팡이 균사는 하루에 9센티미터나 자라.

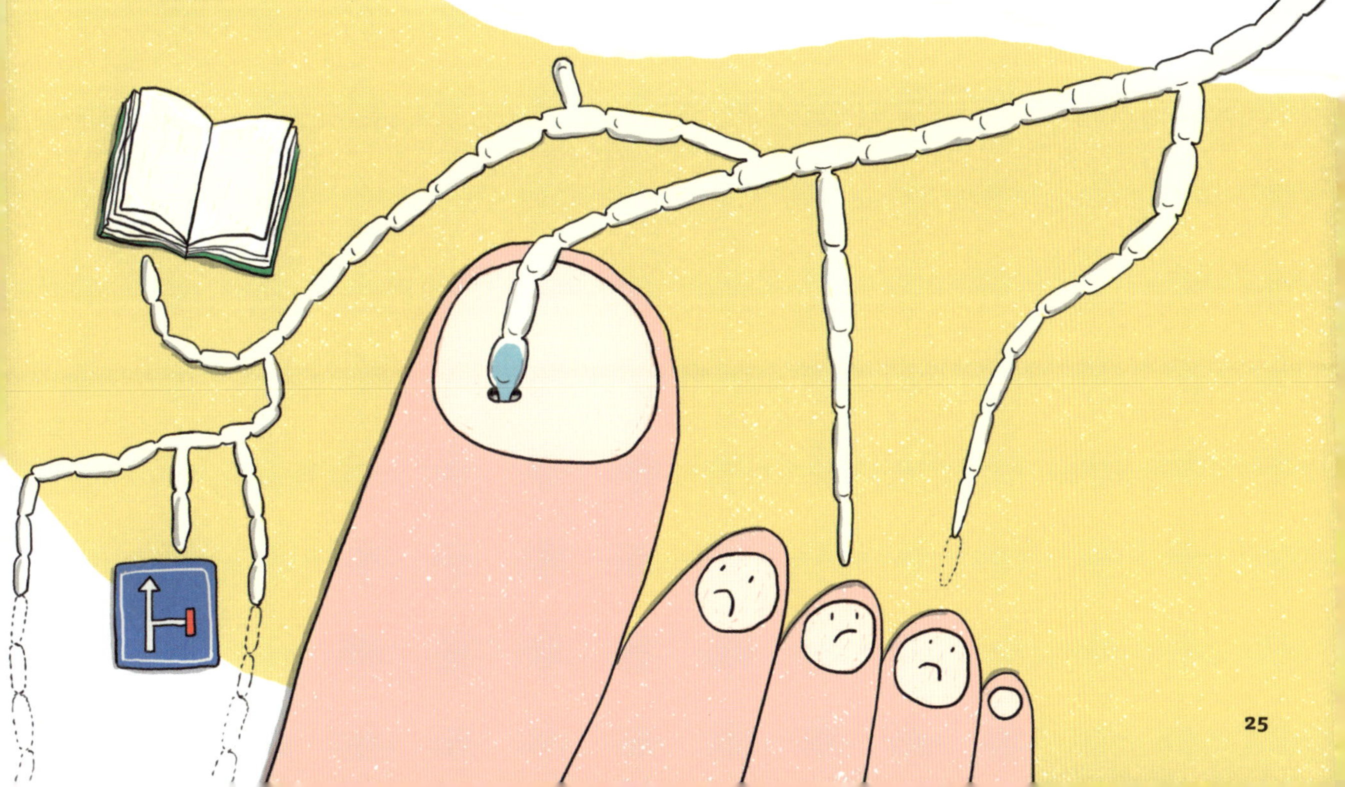

곰팡이의 식사법

곰팡이는 입도 없고 위도 없어. 그래도 음식을 먹고 소화할 수 있어. 우리는 먼저 먹고 나서 소화하지만, 곰팡이는 거꾸로야. 곰팡이 세포가 먹을거리를 감지하면, 세포핵이 화학 공장에 명령을 내려서 소화액을 만들어. 그런 다음 소화액을 먹을거리에 뿌려. 잠시 기다리면 먹을거리가 소화되어 영양 수프가 되는데, 그걸 곰팡이 세포가 흡수해. 그렇게 해서 에너지도 얻고 성장도 하는 거지.

모든 곰팡이가 똑같은 걸 먹지는 않아. 우리처럼 샌드위치를 좋아하는 곰팡이도 있고, 우리는 절대 소화하지 못하는 걸 먹는 곰팡이도 있지. 깃털을 먹는 곰팡이도 있고, 식물에 풍부하게 들어 있는 셀룰로스를 먹는 곰팡이도 있어. 어떤 곰팡이는 아주 단단한 나무 성분인 목질소까지 분해해. 아마 생물 가운데 소화 능력이 가장 뛰어날 거야. 한 세포로 영양분이 들어오면, 그걸 곰팡이 전체가 이용해. 파이프 같은 균사를 통해서 영양분이 필요한 곳으로 이동해. 피가 혈관을 타고 흐르는 것과 비슷하지.

> 식물 세포는 단단한 벽으로 둘러싸여 있어. **세포벽**을 이루는 주요 성분이 셀룰로스야. 사람의 소화기관은 셀룰로스를 소화하지 못하지만, 열을 가하면 셀룰로스가 분해돼. 우리가 날것보다 조리한 채소를 훨씬 잘 소화할 수 있단 뜻이지.

독을 먹는 곰팡이

어떤 곰팡이들은 식성이 진짜 이상해. 비행기 연료를 먹는 곰팡이도 있고, 사진 인화할 때 쓰는 독한 액체에서 잘 자라는 곰팡이도 있다니까.

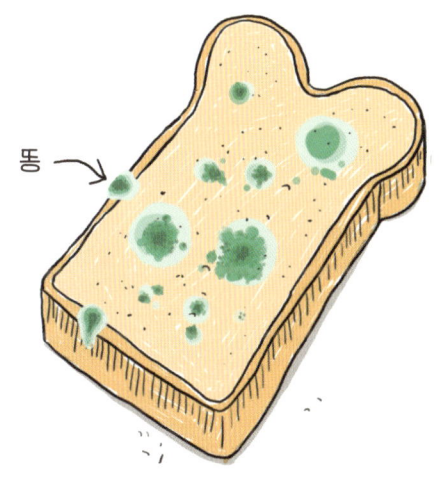

똥 샌드위치

살아 있는 모든 세포에서는 노폐물이 생겨. 우리가 오줌이나 똥을 누듯이 세포도 쓸모없는 노폐물을 세포 바깥으로 버려야 해. 곰팡이 세포도 마찬가지야. 그러니까 곰팡이가 샌드위치를 먹기만 하는 게 아니라 거기에 똥도 누는 거지.
곰팡이는 세포 안에 물이 너무 많으면 바깥으로 내보내. 그래서 곰팡이가 자라는 죽은 나무나 버섯 가장자리에 물방울이 맺혀. 부모님이 그걸 보고 이슬이라고 하면, 이렇게 말씀드려.
"곰팡이 땀 또는 버섯 오줌이라고 하는 게 맞아요."

곰팡이가 곰팡이를 만나면

이제 다른 이야기를 해 볼까? 곰팡이가 왕성하게 자라다 보면 이웃 곰팡이를 만나. 같은 종류일 수도 있고 다른 종류일 수도 있지. 서로 다른 종들끼리 만나면, 보통은 둘 다 성장을 멈춰. 마치 서로 침범하지 않기로 약속한 것처럼 둘 사이에 벽을 만들지. 나무에서 이런 일이 벌어지면 분명하게 보이는 어두운 선이 생겨. 싸움이 벌어질 때도 있지. 그럴 때는 상대방에게 해를 끼치는 독성 물질을 내뿜어서 공격해. 심지어 다른 곰팡이를 잡아먹기도 하는데, 이 이야기는 나중에 다시 해 줄게. 같은 종끼리 공격하는 일은 매우 드물어. 보통은 사이좋게 함께 자라.

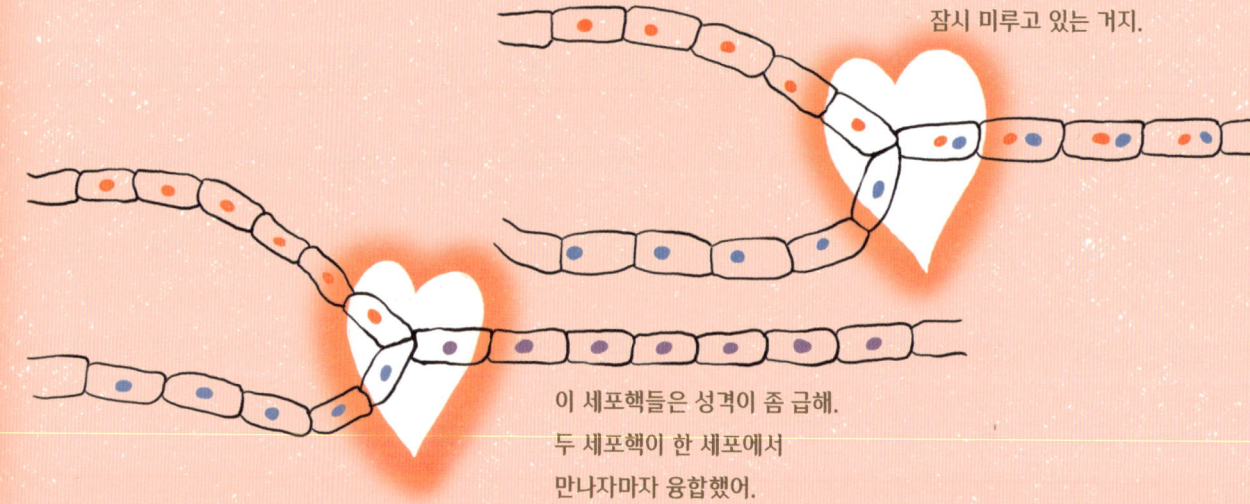

두 세포핵이 한 세포에서 같이 살아. 둘이 하나로 융합하는 걸 잠시 미루고 있는 거지.

이 세포핵들은 성격이 좀 급해. 두 세포핵이 한 세포에서 만나자마자 융합했어.

곰팡이의 짝짓기

곰팡이도 성장하면서 짝짓기를 해. 둘이 만나서 불꽃처럼 뜨겁게 사랑하고 하나로 합치는 거지. 두 세포가 하나로 합칠 때 두 세포핵도 하나로 융합해. 두 세포핵이 바로 융합하지 않고 한 세포 안에서 잠시 따로따로 존재하는 곰팡이도 있지.
사람을 비롯한 동물들은 두 생식세포가 만나서 하나로 융합해. 남성의 생식세포는 정자, 여성의 생식세포는 난자야. 꽃을 피우는 식물도 마찬가지지. 곰팡이는 어떨까? 생식세포가 곰팡이 몸 어디에나 붙으면, 그걸로 짝짓기 완료!

성의 종류가 훨씬 다양해

곰팡이도 남성과 여성이 있을까? 그건 아니야. 곰팡이 대부분은 성의 종류가 더 많아. 우리는 그 차이를 모르지만, 곰팡이끼리는 바로 알아볼 수 있어. 곰팡이는 서로 다른 성끼리만 짝짓기를 하는데, 성이 딱 두 개가 아니니까 선택의 기회가 많지. 어떤 곰팡이는 성이 28종류나 있대!

곰팡이의 아이들

곰팡이가 짝짓기를 하는 목적은? 곰팡이도 다른 생물처럼 자기를 닮은 자손을 남기는 게 목표야. 짝지을 땐 두 세포가 하나로 줄지만, 생물이 그렇게 하는 이유는 더 많은 자손을 만들어 수를 늘리려는 거지.

곰팡이는 식물과 비슷한 방식으로 수많은 씨를 만들어. 세포 하나 크기인 곰팡이 씨앗을 포자라고 불러.

곰팡이한테는 포자를 만드는 것도 중요하지만 포자를 멀리 퍼뜨리는 것도 중요해. 딱 자기가 자라는 만큼만 움직일 수 있는 곰팡이가 어떻게 포자를 멀리 보낼까?

모자와 공, 또는 선반

땅속이나 나무에 숨어 사는 곰팡이는 번식할 때가 오면 특별한 모양으로 모습을 드러내. 수많은 균사가 힘을 합쳐서 기다란 대에 모자를 씌운 모양, 둥그런 공 모양, 나무줄기에 붙은 선반 모양을 만들어 내지. 그게 뭔지 알겠지? 그래, 버섯이야. 버섯은 곰팡이가 포자를 만들고 퍼뜨리기 위해서 만든 **자실체**야. 식물의 열매와 비슷한 거지.
샌드위치나 썩은 오렌지를 뒤덮는 곰팡이는 숨어서 살지 않잖아. 이런 곰팡이에서는 버섯이 피지 않아. 버섯 대신에 균사체에 생긴 작은 주머니에서 포자를 만들어서 퍼뜨리지.

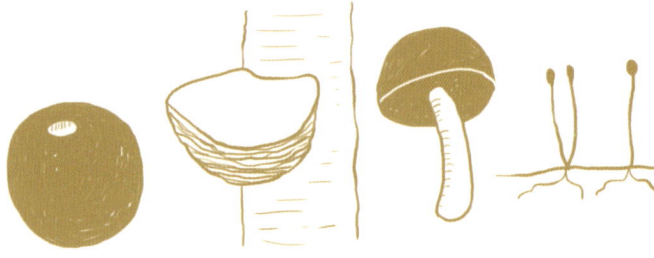

짝짓기 안 하는 곰팡이

곰팡이가 늘 짝짓기를 해서 포자를 만들지는 않아. 두 세포가 융합하여 포자를 만들기도 하지만, 한 세포가 혼자서 분열하는 방법으로도 포자를 만들어. 이런 방법을 무성생식이라고 해. 많은 곰팡이가 무성생식으로만 포자를 만들어. 물론 너무나 비밀스럽게 짝짓기를 하는 바람에 아직 아무도 못 본 걸 수도 있지.

곰팡이가 핀 오렌지에서 퍼지는 포자가 몇 개일까?
100억 개가 넘어. 전 세계 인구보다 많지.

작은 것이 아름답다

이미 말한 것처럼 포자는 아주 작아. 너무 작아서 무언가랑 비교하기도 어렵지. 이럴 때 필요한 건 상상력! 이번에는 우리 몸과 포자를 키워 보자. 우리 머리카락 두께가 10미터가 될 때까지 키우면, 작은 포자는 테니스공, 큰 포자는 농구공처럼 보여. 곰팡이 종류에 따라서 포자 모양도 다양해. 공이나 달걀처럼 단순한 것, 럭비공처럼 길쭉한 것, 스프링처럼 생긴 것도 있지. 어떤 건 표면이 매끄럽고 어떤 건 울퉁불퉁해. 실이 달린 포자도 있어.

얼마나? 엄청 많아!

버섯 하나에서 나오는 포자의 수는 정말 어마어마해. 광대버섯 하나가 생산하는 포자는 20억 개, 댕구알버섯이 터지면서 뿜어내는 포자는 무려… 2조 개야!

더 넓은 세상으로

포자의 주요 임무는 새로 자리 잡고 살 장소를 찾는 거야. 엄마 곁은 안 돼. 엄마와 경쟁해서 이기고 잘 자라기는 어려워. 아이들은 엄마 곁을 떠나서 더 넓은 세상으로 나가야 해. 포자는 아주 작아서 쉽게 바람에 날려. 곰팡이가 버섯을 피운 건 포자가 멀리 떠나는 걸 도우려는 거야. 버섯갓이 땅바닥보다 조금 높잖아? 포자가 버섯갓에서 땅으로 떨어지는데, 아무래도 높은 곳에서 떨어지면 바람을 타고 날아가기가 더 쉽지.

버섯은 포자가 떠날 때 살짝 밀어 줘. 포자가 조금이라도 더 멀리 날아가도록 돕는 거지. 어떤 버섯은 포자를 로켓처럼 쏘아서 시속 600킬로미터로 날려 보내!

공짜 승객

어떤 버섯은 포자를 퍼뜨리려고 똥이나 썩은 고기 냄새를 퍼뜨려. 그러면 똥파리와 금파리가 찾아와서 버섯에 앉았다가 끈적끈적한 포자를 발에 묻혀. 그러고는 다시 멀리 날아갈 때 이 똑똑한 버섯의 포자도 함께 옮겨 주지.

땅속에서 자라는 송로버섯은 멧돼지가 끔찍이 좋아하는 냄새를 퍼뜨려. 그러면 멧돼지가 찾아와서 땅을 파고 포자가 잔뜩 들어 있는 송로버섯을 꿀꺽 삼켜. 포자는 멧돼지 위와 창자를 지나는 동안에 소화되지 않고 똥에 섞여서 다시 바깥으로 나와. 멧돼지가 여기저기 돌아다니며 똥을 누니까 포자도 멀리 퍼지는 거지.

이름: 광대버섯 | 학명: 아마니타 무스카리아 (*Amanita muscaria*)

빨간색 갓에 흰 점이 박혀 있는 게 특징이야. 비를 맞으면 색이 바랠 수 있어. 갓이 자라면서 흰 점들 사이의 간격이 점점 벌어져. 흰 점이 떨어져 내리기도 하지.

이름: **주름찻잔버섯** | 학명: **키아투스 스트리아투스**(*Cyathus striatus*)

썩어 가는 나무에서 잘 자라는 버섯이야. 찻잔하고도 비슷하고 새 둥지하고도 비슷해.
잘 보면, 바닥에 새알처럼 생긴 게 보일 거야.

헤엄치는 꼬리

축축한 환경에 사는 곰팡이들은 헤엄칠 수 있는 포자를 만들어. 진짜로 올챙이처럼 꼬리를 흔들며 헤엄친다니까. 생김새는 동물의 정자하고 비슷해. 정자는 난자를 찾아가지만, 포자는 살 곳을 찾아가지. 냄새를 따라 헤엄쳐서 적합한 장소에 도착하면, 포자가 곰팡이로 자라.

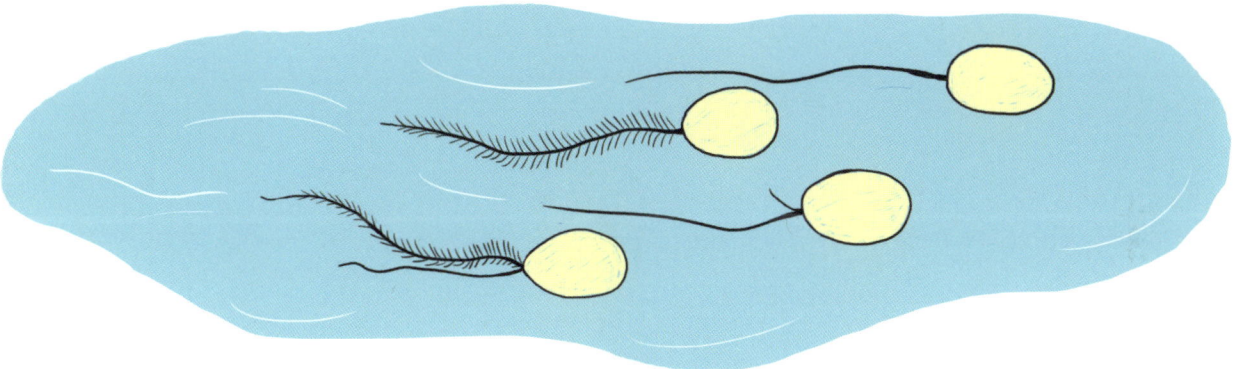

방랑하는 곰팡이

곰팡이는 포자 말고 균사 다발로도 퍼져. 작은 균사 다발도 바람과 물을 타고 얼마든지 멀리 이동할 수 있어. 동물 몸에 붙어도 되고. 가끔 곰팡이 일부가 우연히 떨어져 나와 퍼지기도 하지만, 어떤 곰팡이는 일부러 번식용으로 작은 덩어리를 만들어. 번식용 덩어리는 보호 장치와 영양분을 갖추고 있어. 그래서 포자보다 멀리 날아가긴 어렵지만 떨어진 곳에서 새로 자라는 데는 유리해.
주름찻잔버섯은 찻잔 안쪽에 '소피자'라는 둥그런 덩어리를 만들어. 빗물이 찻잔에 툭툭 떨어지면 소피자가 튕겨 나가지. 붕 날아가던 소피자는 자기 몸에 있는 끈적끈적한 끈으로 풀잎에 붙어. 운이 좋으면, 소가 풀을 뜯을 때 소피자를 함께 먹고 똥을 싸. 그때 소피자 안에 있던 포자가 함께 바깥으로 나오지. 이 곰팡이, 진짜 똑똑하지 않니?

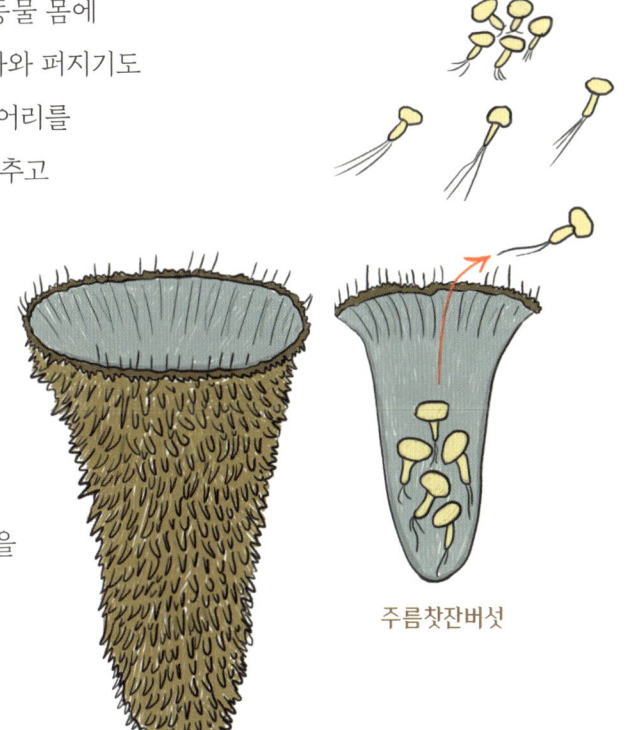

주름찻잔버섯

땅속에서 솟아오르는 버섯

잘 알겠지만, 곰팡이는 균사로 이루어진 네트워크야. 곰팡이가 버섯을 생산할 때가 되면, 땅속에서 수많은 균사가 서로 얽히고 또 얽혀서 조밀한 알이 돼. 버섯 알은 껍질이 유연하면서도 질긴 게 도마뱀알하고 비슷해. 도마뱀알에서 도마뱀이 나오는 것처럼 버섯 알에서는 버섯이 나오지. 버섯 알에는 버섯을 이루는 모든 것이 꽁꽁 뭉쳐 있어. 딱 한 가지 부족한 건 물이야. 버섯에서 물을 쏙 빼고 진공 포장한 게 버섯 알이라고 생각하면 돼.

곰팡이는 이 상태로 기다리다가 가을밤처럼 알맞은 때가 오면, 균사 네트워크를 이용해서 알로 물을 보내. 그러면 알이 점점 부풀다가 껍질이 쩍 갈라지면서 대가 솟아오르고 갓이 펼쳐져. 짠! 완벽한 버섯이 나타나는 거지. 하룻밤 사이에 이런 일이 벌어지기도 하니까 옛날 사람들이 버섯이 마법으로 생긴다고 생각한 거야.

> 전문가들은 버섯 알을 **원기**라고 불러.

왼쪽부터 오른쪽까지, 광대버섯이 자라는 모습을 순서대로 그린 거야. 광대버섯은 며칠 동안 갓을 활짝 펼친 화려한 모습으로 자라. 그다음에는 버섯의 임무를 수행하고 사라지지. 그 임무는 포자 퍼뜨리기!

갓은 포자 생산 공장

보통 버섯은 대와 갓으로 이루어져 있어. 턱받이와 갓 위의 사마귀점은 알의 껍질이 남은 거야. 진짜 중요한 일은 갓 아래쪽 **주름살**에서 벌어져. 그게 뭐냐고? 포자를 만드는 일이지. 포자는 주름살 안쪽에서 만드는데, 주름살의 전체 넓이가 넓을수록 그만큼 포자를 많이 만들 수 있어. 이 책을 한 장씩 뜯어서 펼쳐 놓으면 정말 넓겠지? 마찬가지로 차곡차곡 접혀 있는 주름살을 쫙 펴면 엄청 넓어. 다 만들어진 수많은 포자는 주름살 틈새로 떨어져 내려.

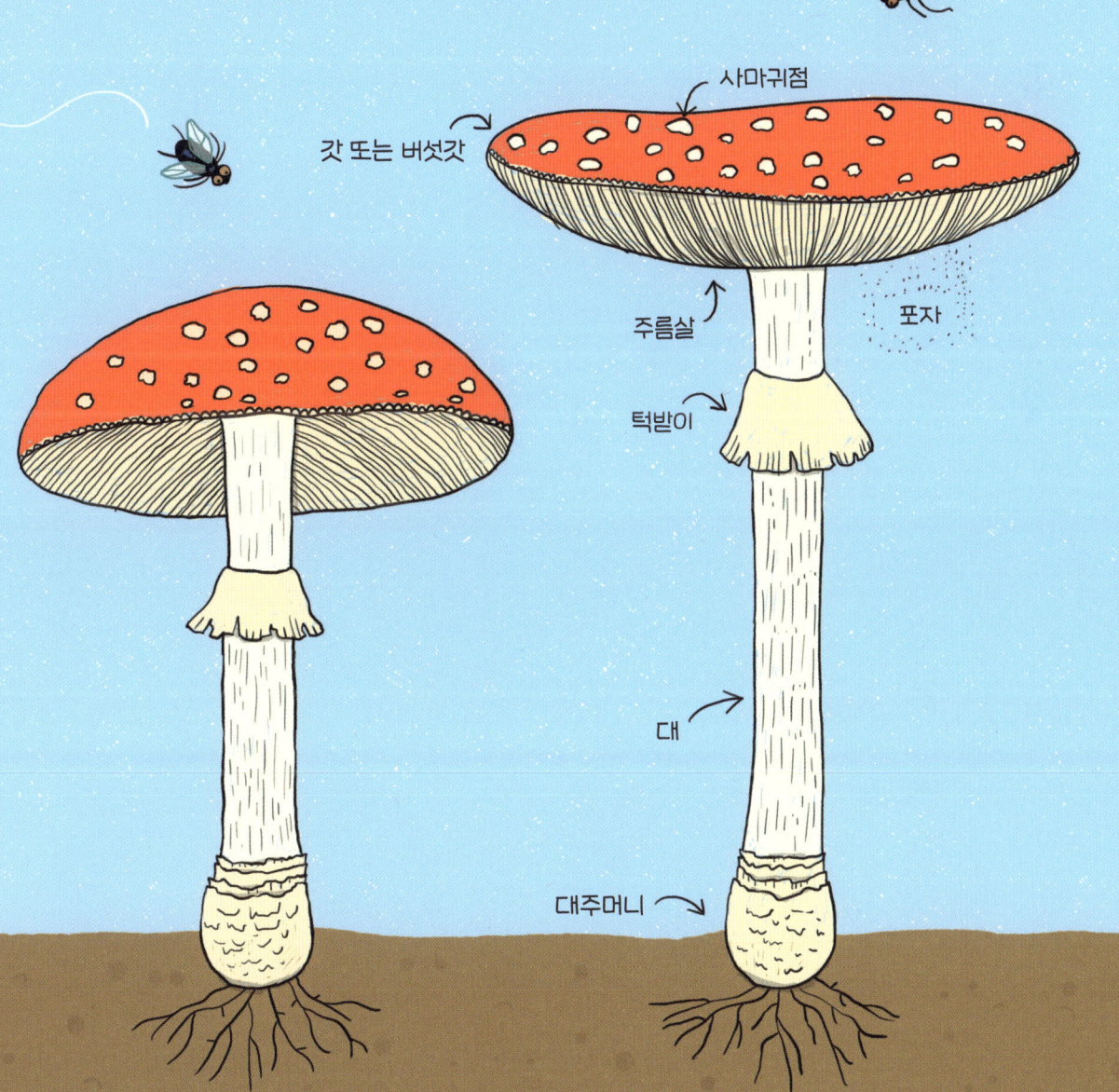

네 가지 모델

우리가 잘 아는 버섯은 갓 아래에 주름살이 있고 거기서 포자를 만들어(**주름상 버섯**). 갓 아래에 줄줄이 달린 튜브 안쪽이나(**관공상 버섯**) 삐죽삐죽한 침 바깥쪽에서(**치아상 버섯**) 포자를 만드는 버섯도 있지. 어떤 버섯은 공처럼 생긴 둥그런 배 안에서 포자를 만들어(**복균류 버섯**). 복균류 버섯이 잘 익으면 펑 터지는데, 그때 포자가 날아가지.

- 광대버섯은 주름상 버섯
- 그물버섯은 관공상 버섯
- 턱수염버섯은 치아상 버섯
- 댕구알버섯은 복균류 버섯

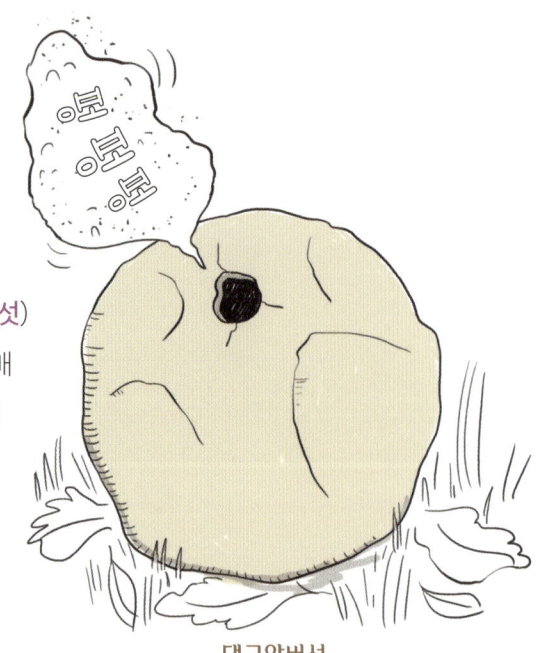

댕구알버섯

턱수염버섯

그물버섯

광대버섯

버섯마다 갓 아래쪽 모양은 달라도 거기서 포자를 만드는 건 같아. 버섯갓에서 포자를 만드는 기관을 **담자기**라고 해.

버섯은 힘이 세

버섯이 어떤 느낌인지 알지? 삶은 달걀과 좀 비슷하잖아. 꽤 질긴 것 같은데 손으로 쉽게 뜯을 수도 있고, 아무튼 좀 묘해. 그런데 버섯이 진짜로 힘세다는 건 잘 모를 거야. 버섯은 낙엽이 잔뜩 쌓인 땅도 아무렇지도 않게 뚫고 올라와. 여름양송이는 보도블록을 들어 올리고 먹물버섯은 아스팔트 포장을 뚫어.

아주 딱딱한 버섯도 있어. 자작나무잔나비버섯이 그런 버섯이야. 자작나무 줄기에 갓이 반만 붙어 있는 모습으로 자라는데, 자작나무 줄기만큼이나 딱딱해. 너도밤나무에서 자란 말굽버섯은 마치 너도밤나무로 만든 것 같아. 손으로 두드리면, 나무를 두드릴 때와 똑같은 소리가 나.

나무에서 자라는 딱딱한 버섯은 몇 년이 지나도 그대로 있어. 부드러운 버섯은 며칠이 지나면 사라져. 가을에 고개를 내미는 버섯들은 서리를 견디지 못해. 밤에 얼면 그다음 날에는 물컹물컹하게 변해 버리지. 그걸 보면 안타깝겠지만, 너무 슬퍼하지는 마. 이미 포자는 다 날아갔으니까. 임무 완료!

자작나무잔나비버섯

여름양송이*

먹물버섯

슈퍼맨 곰팡이

버섯이 사라져도 곰팡이는 계속 살아. 참나무가 도토리를 떨군 뒤에도 사는 것처럼. 어떤 곰팡이는 딱 1년만 살고 어떤 곰팡이는 100년을 넘게 살아.

자유롭게 자라는 곰팡이는 사방으로 균사를 뻗어. 그 결과로 균사로 이루어진 둥그런 원반이 땅속에 생겨. 원반의 가장자리는 새로 성장한 균사로 이루어지지.

곰팡이는 주로 새로 성장한 균사에서 버섯을 만들어. 그래서 땅 위로 올라온 버섯들이 둥그런 원 모양을 이루지. 옛날 유럽 사람들은 그런 곳에서 마녀가 춤을 춘다고 생각했어. 그래서 버섯이 이루는 동그라미를 마녀 동그라미라고 불렀어. 버섯 동그라미를 가리키는 올바른 이름은 균륜 또는 버섯고리야.

버섯고리를 보고 땅속 곰팡이의 나이를 가늠할 수 있어. 먹을거리가 풍부한 환경이라면, 곰팡이는 1년에 1미터쯤 자라. 따라서 1년이 지날 때마다 버섯고리가 점점 커지지.

북아메리카에서 찍은 항공 사진에 지름이 1킬로미터쯤 되는 버섯고리가 나타났어. 이 곰팡이는 몇 살쯤 되었을까? 힌트, 1킬로미터는 1,000미터. 정답, 최소 1,000살!

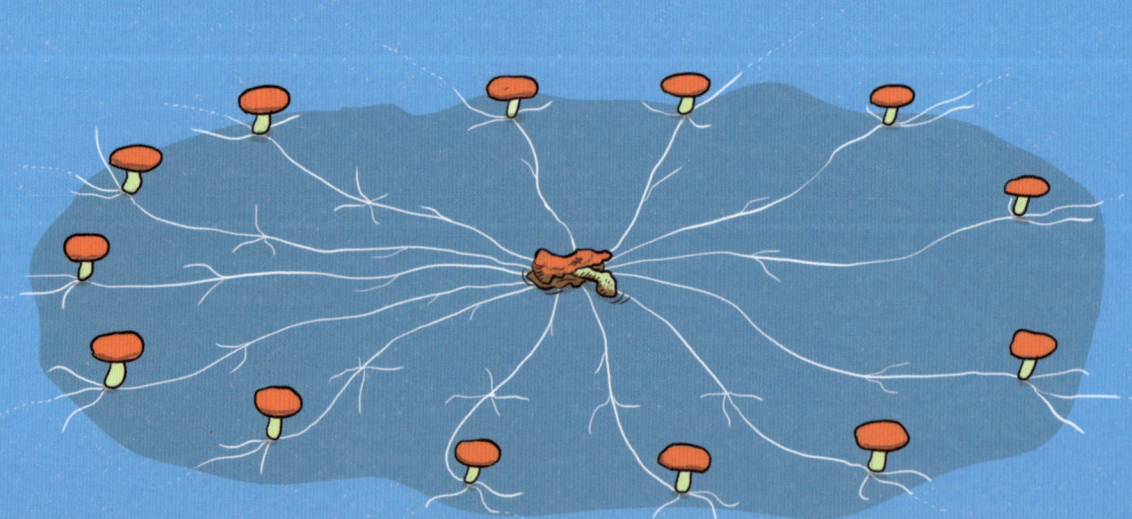

생존 캡슐

곰팡이는 대개 따뜻하고 습한 환경을 좋아해. 그래서 여름에 음식물 쓰레기통을 하루만 비우지 않아도 곰팡이가 잔뜩 피는 거야. 그렇지만 35도가 넘으면 잘 견디지 못해. 체온이 37도쯤인 우리 몸에서는 곰팡이가 살아남기 어려우니까 다행이지. 그래도 축축한 양말을 신고 있으면, 곰팡이가 발가락 사이에서 자랄 수 있어!

곰팡이 대부분이 추위는 잘 견뎌. 하지만 성장은 매우 더뎌서 냉장고에 넣은 음식에는 곰팡이가 잘 피지 않아. 남극에도 곰팡이가 살아. 기온이 0도보다 높으면 성장하고, 영하일 때는 휴면 상태에 들어가. 어떤 곰팡이는 껍데기가 단단한 덩어리를 만들어. 크기가 땅콩과 비슷한 이 덩어리는 어려운 환경에서 살아남기 위한 생존 캡슐이야.

포자도 생명력이 강해. 지구 반 바퀴를 이동하기도 하는데, 그러고도 여전히 살아 있지. 우리가 사는 집 공기에도 포자가 떠다녀. 그러다가 화장실처럼 살기에 좋은 곳을 만나면 곰팡이로 자라지.

곰팡이가 만든 생존 캡슐을 **균핵**이라고 해. 몇 년간 균핵 상태로 있다가 다시 곰팡이로 자라기도 해.

이제 곰팡이를 만나기 위한 땅속 여행을 마칠 거야. 지금부터는 시간 여행을 떠날 거니까 몸을 원래대로 키우는 주문을 함께 외우자. "커져라, 얍!"

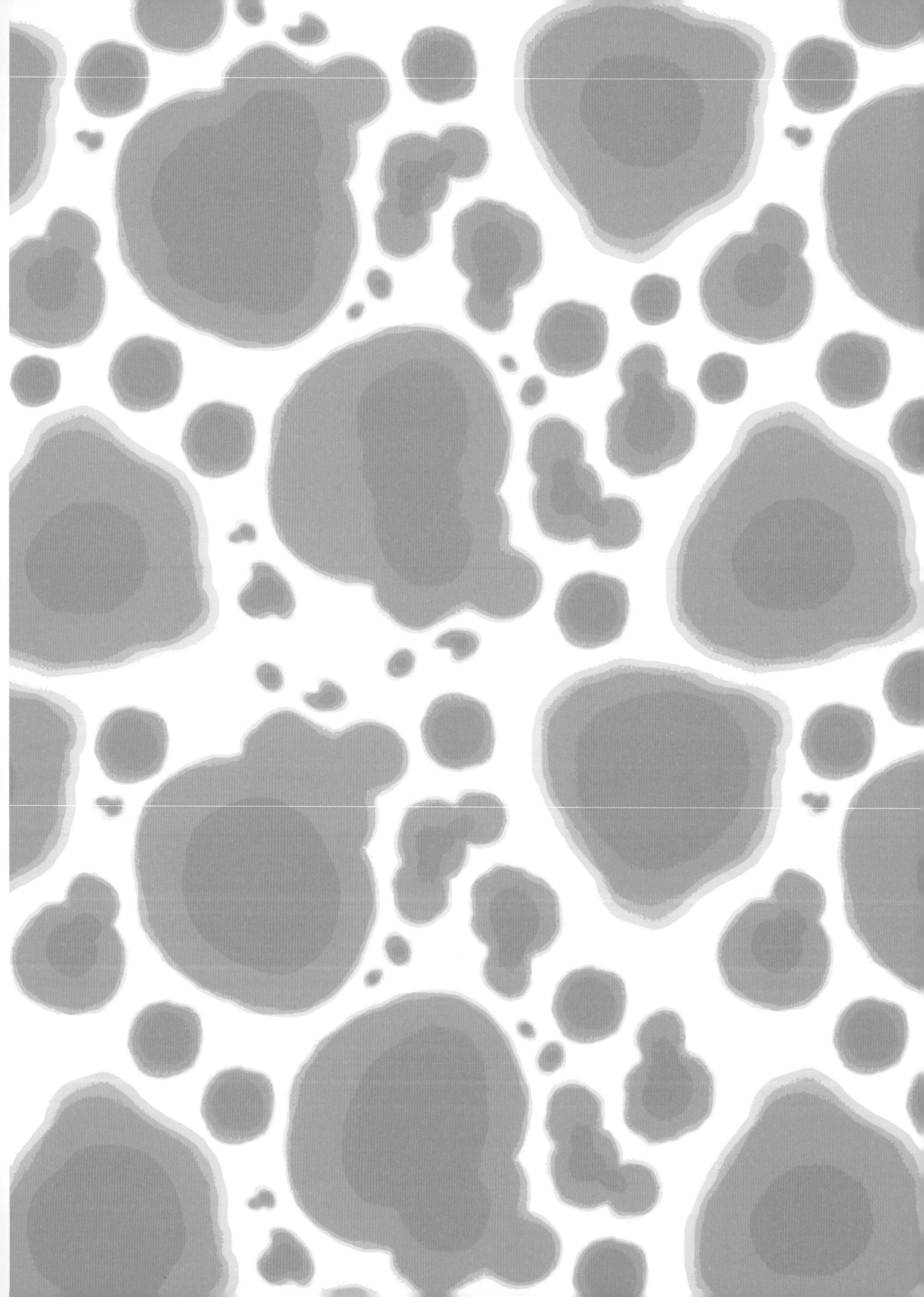

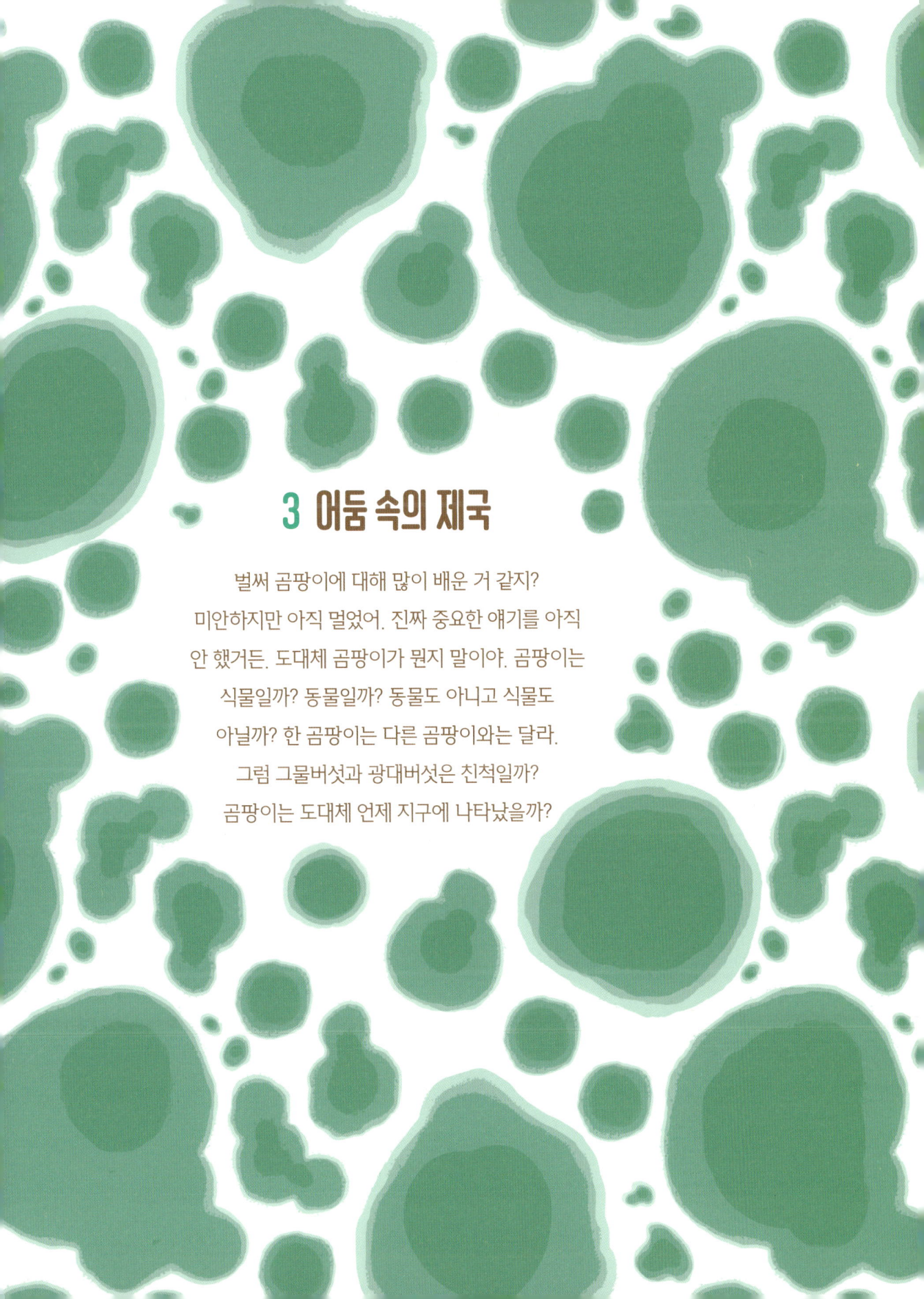

3 어둠 속의 제국

벌써 곰팡이에 대해 많이 배운 거 같지?
미안하지만 아직 멀었어. 진짜 중요한 얘기를 아직
안 했거든. 도대체 곰팡이가 뭔지 말이야. 곰팡이는
식물일까? 동물일까? 동물도 아니고 식물도
아닐까? 한 곰팡이는 다른 곰팡이와는 달라.
그럼 그물버섯과 광대버섯은 친척일까?
곰팡이는 도대체 언제 지구에 나타났을까?

질서 세우기

1735년에 스웨덴 생물학자 칼 폰 린네가 모든 생물을 분류하는 연구를 하고는 이렇게 썼어. '곰팡이는 식물이다.' 하지만 지금은 이 말에 동의하는 생물학자가 단 한 명도 없어. 식물에 엽록소가 있다는 사실이 린네가 죽은 뒤에야 밝혀졌어. 식물은 엽록소를 이용해 햇빛과 이산화탄소로 영양분을 만들면서 산소를 생산해. 그 과정을 광합성이라고 하지.

곰팡이는 식물처럼 영양분을 스스로 만들지 못해. 다른 영양분을 먹어야 살 수 있지. 그리고 산소를 생산하는 게 아니라 소비해. 이런 점에서는 오히려 동물과 비슷하지. 곰팡이는 걷지도 못하고, 날지도 못하고, 눈도 없어. 홍합이나 따개비 같은 동물도 마찬가지 아니냐고? 맞아. 게다가 곰팡이 세포를 둘러싼 단단한 물질이 키틴인데, 곤충, 거미, 바닷가재도 이 물질을 이용해서 껍질을 단단하게 만들지. 이 점에서도 곰팡이는 동물에 가까워. 하지만 곰팡이와 동물은 사는 방식과 몸의 구조가 너무 달라서 곰팡이를 동물계에 넣을 수 없어.

1969년에 영국 생물학자 로버트 휘태커가 모든 생물을 분류하는 체계를 새로 세웠어. 곰팡이한테는 좋은 소식이었어. 휘태커가 동물 왕국인 동물계와 식물 왕국인 식물계에 더해서 곰팡이 왕국인 균계를 새로 만들었거든.

휘태커는 세 왕국에다가 원핵생물계와 원생생물계까지, 총 다섯 계로 생물을 분류했어. 그 뒤로도 생물을 분류하는 기준은 여러 차례 바뀌었지.

칼 폰 린네

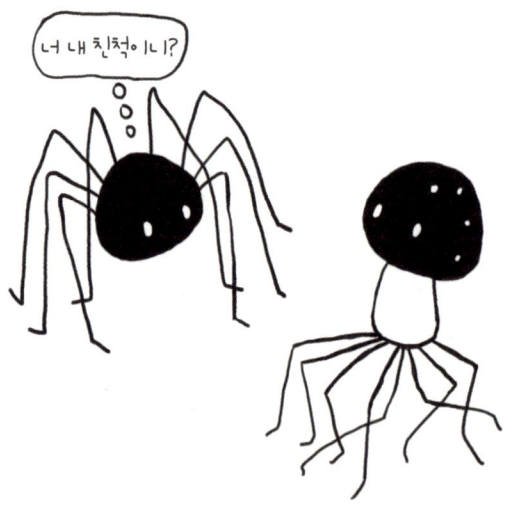

곰팡이는 **균계**. 그럼 곰팡이를 연구하는 학문을 뭐라고 할까? **균학**이야.

과학의 본질은 의심

과학은 의심하는 일이야. 과학자는 호기심도 많고 의심도 많지. 많은 사람이 옳게 여기는 지식도 과학자는 의심해. '이게 정말 맞을까?' 새로운 기술이 발명되면, 여러 지식이 틀린 것으로 밝혀지기도 하지. 1969년 이후로 생물 분류 체계도 여러 차례 변했어. 좀 오래되긴 했지만, 이 책에서는 휘태커의 분류 체계를 따를 거야. 생물을 이루는 다섯 왕국은 원핵생물계, 원생생물계, 동물계, 식물계, 그리고 곰팡이 왕국인 균계!

곰팡이가 살아온 역사

곰팡이는 진짜 오래전에 지구에 나타났지만, 처음부터 존재했던 건 아니야. 지구는 약 46억 년 전에 만들어졌어. 첫 생명체는 약 40억 년 전에 바다에서 생겨난 박테리아야. 그때 지구 나이는 5억 살밖에 안 되었고 여전히 뜨거웠어.

35억 년 전에 조류가 생겨났어. 아주 작은 식물인 조류가 바다에 살면서 산소를 물과 공기로 뿜어냈지. 그때부터 온갖 생명체가 등장하기 시작했어.

바다는 박테리아와 조류로 가득 찼어. 조류가 죽어 바다 밑바닥으로 가라앉았고, 박테리아가 그걸 먹으며 잔치를 벌였지. 하지만 몽땅 먹어 치울 수는 없었어. 그래서 죽은 조류가 해저에 엄청나게 쌓였지. 그 가운데 많은 양이 지금도 땅속에 묻혀 있어. 그게 바로 석유야.

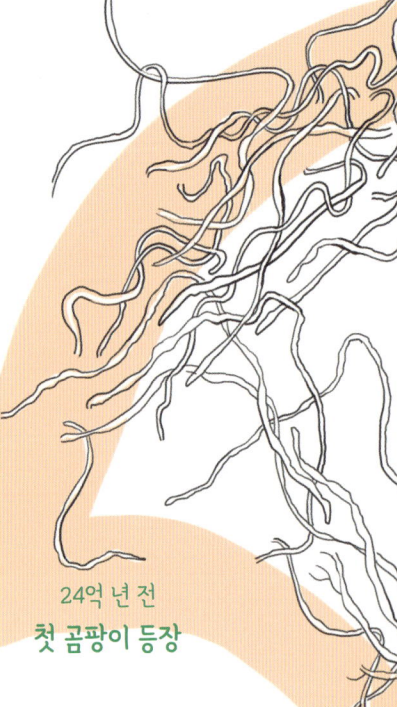

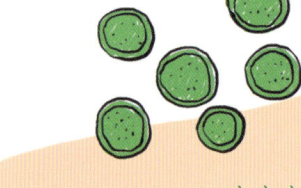

35억 년 전
첫 식물 등장(조류)

24억 년 전
첫 곰팡이 등장

40억 년 전
최초 생명체 등장(박테리아)

46억 년 전
지구 탄생

곰팡이 등장

약 24억 년 전, 죽은 조류를 박테리아보다 더 잘 소화하는 생명체가 나타났어. 바로 곰팡이야! 그렇다면 동물은 언제 등장했냐고? 이 말을 들으면 좀 실망스럽겠지만, 동물은 겨우 7억 년 전에야 나타났어. 식물은 스스로 영양분을 만들지만 곰팡이와 동물은 무언가를 먹어야 살아. 그러니까 동물은 식물보다는 곰팡이와 더 비슷한 거지.

10억 년 전
곰팡이가 처음으로
육지로 진출

8억 년 전
첫 버섯 등장

4억 5,000만 년 전
식물이 처음으로 육지로 진출

곰팡이가 육지 개척자

곰팡이가 처음 등장했을 때, 땅에는 생명체가 전혀 없었어. 그러나 바다에는 생명체가 가득했지. 죽은 해초가 수없이 바닷가로 떠밀려 가서 두껍게 쌓였어. 10억 년 전에 곰팡이가 그걸 이용해 땅으로 진출했어. 동물이 나타나기 훨씬 전이었지. 곰팡이는 바닷가에 쌓인 해초로 균사를 뻗었어. 이건 엄청나게 중요한 일이었어. 이 덕분에 땅이 비옥해졌고, 식물이 땅으로 올라갈 수 있었으니까. 그러니까 곰팡이가 가장 먼저 땅으로 진출했고, 그다음 순서가 식물이고, 동물은 한참 뒤야.

처음으로 땅에 올라온 식물은 뿌리가 없었어. 그래서 곰팡이와 결합하여 함께 살았어. 오늘날에도 식물은 곰팡이 없이 혼자서 살지 못해. 그 이야기는 나중에 자세히 해 줄게. 아무튼, 식물은 곰팡이 덕분에 육지에 잘 적응했어. 곰팡이한테도 좋은 일이었지. 죽은 식물은 곰팡이한테는 완벽한 음식이니까.

7억 년 전
첫 동물 등장

죽은 나무가 쌓이고 쌓여서

3억 6,000만 년 전, 곰팡이한테 좋지 않은 일이 생겼어. 단단한 셀룰로스와 목질소로 이루어진 나무가 자라기 시작했지. 지금 곰팡이한테는 아무 문제도 없는 일이지만, 그때 살았던 원시 곰팡이는 나무를 소화하지 못했어. 죽어서 쓰러진 나무가 썩지 않고 자꾸 쌓이기만 했어.
두껍게 쌓인 나무가 결국에는 땅속에 묻혀서 단단하게 뭉쳤어. 그게 지구 곳곳에 지금도 남아 있어. 시커먼 돌처럼 보이지만 나무처럼 잘 타. 뭔지 알겠지? 그래, 석탄이야. 다행히 3억 년 전에 곰팡이가 나무를 소화하는 방법을 터득했어.

3억 6,000만 년 전
첫 나무와 숲 출현

4억 2,500만 년 전
동물이 육지로 진출(절지동물)

4억 년 전
거대 곰팡이 프로토택사이트

원시 곰팡이 숲

아주 오랫동안 땅에 사는 생명체 중에서 곰팡이가 가장 컸어. 약 4억 년 전, 프로토택사이트라는 원시 곰팡이가 두께가 1미터가 넘고 키가 9미터에 이르는 기둥으로 자랐어. 그때 땅에서 자랐던 가장 큰 식물도 이 곰팡이 나무보다는 작았어.

이 곰팡이는 어디 소속?

첫 생명체가 나타난 뒤로 점점 다양한 생명체가 나타났어. 생물학자들은 생물을 계로 분류하고, 계를 또 더 작은 집단인 문으로 나눠. 그다음에도 점점 더 작은 집단으로 나누지. 가장 작은 집단이 종이야.

곰팡이를 구분하는 건 식물과 동물을 구분하는 것보다 어려워. 과학자들도 머리가 아플 지경이지. 과학자들은 훨씬 더 복잡하게 분류하지만, 이 책에서는 여덟 문으로만 분류할 거야. 이 중에서 다섯 문은 대부분 단세포생물인 작은 곰팡이로 이루어져 있어. 또, 그중에 몇 문은 물속에 사는 곰팡이만으로 이루어져 있지. 나머지 세 문에 속하는 곰팡이는 그보다 쉽게 볼 수 있어. 자낭균문과 담자균문에 속하는 곰팡이만 버섯을 만들어.

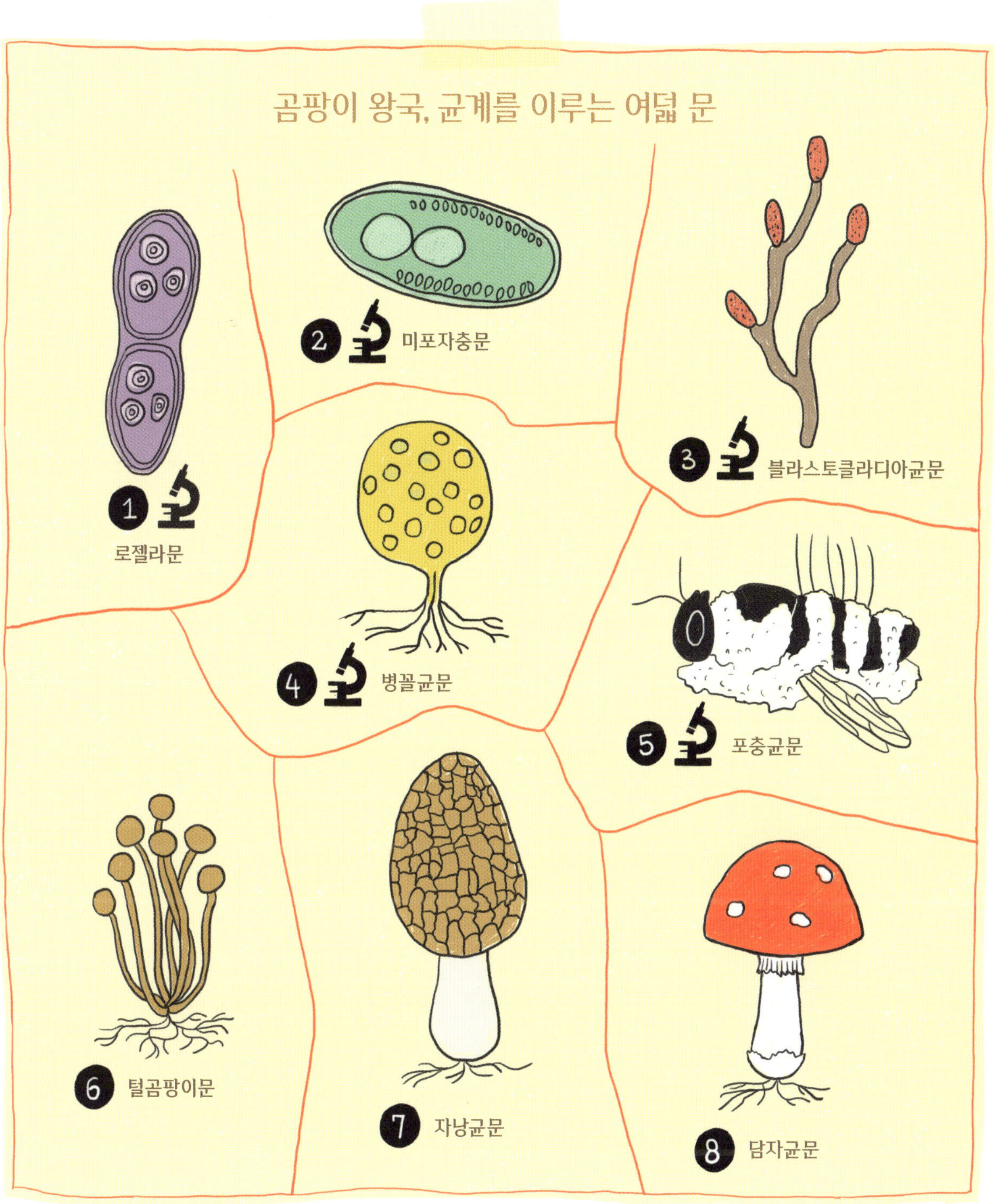

곰팡이 왕국, 균계를 이루는 여덟 문

① 로젤라문
② 미포자충문
③ 블라스토클라디아균문
④ 병꼴균문
⑤ 포충균문
⑥ 털곰팡이문
⑦ 자낭균문
⑧ 담자균문

혀가 꼬이는 학명

그리스어와 라틴어로 된 학명을 읽으려다가 혀가 꼬일지도 몰라. 예를 들어, 담자균문의 학명은 '바시디오미코타'야. 그래도 연습을 해 두는 게 좋을 거야. 학명 말고 우리나라 이름이 따로 있는 곰팡이는 진짜 얼마 안 되거든.

바-시-디-오-미-코-타

버섯을 만드는 곰팡이

버섯을 만드는 건 자낭균문과 담자균문 곰팡이야. 자낭균문 곰팡이의 별명은 주머니 곰팡이, 담자균문 곰팡이의 별명은 곤봉 곰팡이지. 버섯 모양을 보고 이름을 지은 것 같지? 그건 아니야. 과학자들이 현미경으로 두 문에 속한 곰팡이들을 요모조모 자세히 살펴보고 나서 이름을 지었어.

자낭균문 버섯

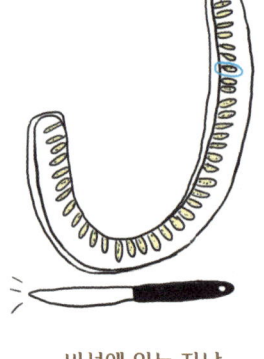

버섯에 있는 자낭

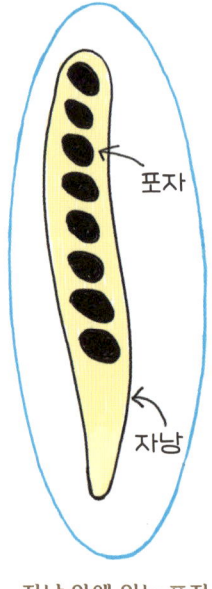

자낭 안에 있는 포자

- 자낭균문 곰팡이는 길쭉한 주머니인 자낭에서 포자를 만들어. 보통 한 번에 8개씩 만들지. 포자들은 나란히 줄을 맞춰 기다리다가 자낭이 터지면 세상으로 날아가.

- 담자균문 곰팡이는 곤봉처럼 생긴 담자기에서 포자를 만들어. 보통 담자기 하나에 포자가 4개씩 생기지. 담자기가 부러질 때 포자가 빠른 속도로 세상을 향해 날아가.

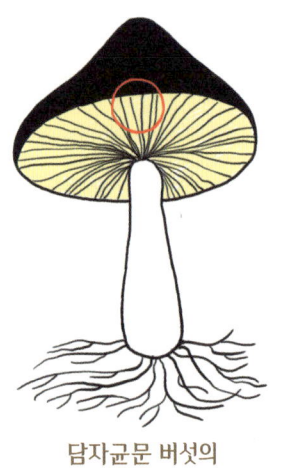

담자균문 버섯의
갓 아래쪽에 있는 주름살

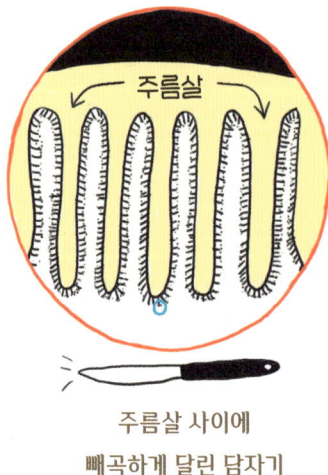

주름살 사이에
빼곡하게 달린 담자기

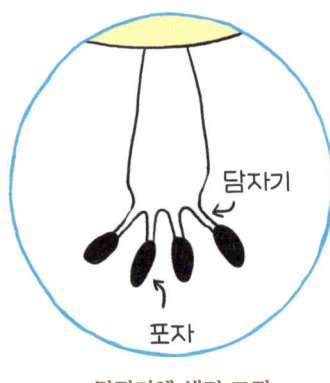

담자기에 생긴 포자

이름: **곰보버섯** | 학명: **모르켈라 에스쿨렌타**(*Morchella esculenta*)

이름은 곰보버섯인데 미로랑 더 비슷한 거 같아. 수세미처럼 보이기도 하고 뇌를 닮은 거 같기도 하네. 아무튼 평범한 버섯의 갓과는 아주 달라.

곰팡이가 몇 종류인지는 수수께끼

생물학자들이 찾아내서 학명을 붙인 곰팡이가 대략 15만 종이야. 정말 많지? 이것만 해도 새 종류의 14배 가까이 돼. 새는 잘 보이기도 하고 오래전부터 관찰하기도 했어. 그래서 요즘에는 새로운 종이 거의 발견되지 않아. 곰팡이는 안 그래. 대부분 작은 데다가 숨어서 살기 때문이지. 이미 알려진 종이라고 생각하고 연구했는데, 알고 보니 새로운 종일 때도 있어. 여기서 새롭다는 건 지구에 새로 나타났단 뜻이 아니라 우리가 새로 알게 되었다는 뜻이야. 많은 곰팡이 학자가 지구에 사는 곰팡이가 200만 종쯤 될 거라고 예상해. 500만 종은 될 거라고 주장하는 학자도 있지. 가끔은 한 종이 사라지기도 해. 멸종했다는 게 아니라 다른 종인 줄 알았던 두 곰팡이가 한 종이라는 게 밝혀지는 거지. 예를 들어, 한 연구자가 어떤 곰팡이가 효모인 줄 알고 연구하고 있었는데, 갑자기 균사가 자라나더니 버섯까지 생기는 식이지. 효모라고 생각했던 곰팡이가 사실은 버섯 도감에 나오는 다른 곰팡이였던 거지.

고깔갈색먹물버섯

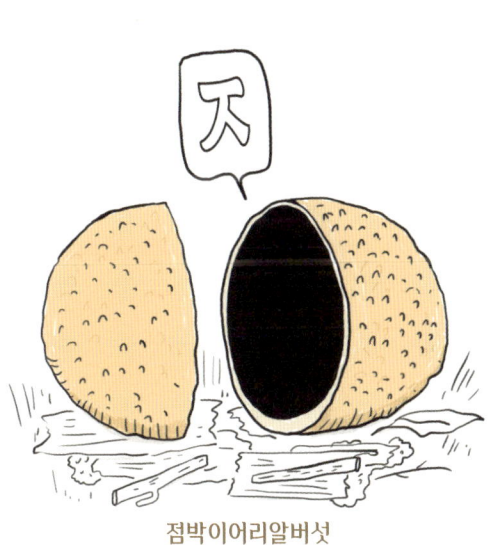

점박이어리알버섯

황색망사먼지

가짜 곰팡이

곰팡이와 비슷하지만, 곰팡이가 아닌 생물 집단이 둘 있어. 하나는 점균류, 또 하나는 물곰팡이야. 점균류는 실제로 보면 곰팡이로 착각하기 딱 좋게 생겼어.

끈적끈적해 보이는 노란 덩어리를 숲에서 본 적이 있을 거야. 그게 점균류인 황색망사먼지야. 언뜻 보면, 나뭇가지에 가만히 붙어 있는 것 같아. 하지만 오래 관찰하면 무언가 이상한 점이 보여.

황색망사먼지는 움직여. 하지만 동물은 아니야. 점균류는 수많은 단세포생물이 뭉쳐 있는 거야. 보통은 땅속에서 따로따로 살다가 가끔 하나로 뭉치는데, 그러면 외계에서 침입한 괴물처럼 보여. 이렇게 특성이 다르니까 점균류를 균계 식구로 받아들일 수 없지. 점균류는 원생생물계의 식구야.

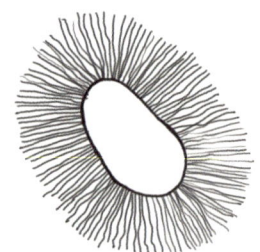

물곰팡이도 균계 식구가 아니야. 수많은 작은 생물로 이루어진 원생생물계의 식구지. 모든 물곰팡이가 물에 살지는 않아. 식물에 사는 종도 있는데, 감자역병균이라는 물곰팡이는 이름처럼 감자에 살아. 둘이 사이좋게 지내면 좋겠지만, 감자역병균은 감자를 썩게 만들어. 감자 농부가 도저히 좋아할 수 없는 물곰팡이지.

물곰팡이와 점균류는 곰팡이는 아니지만 이 책에 가끔 나와. 점균류는 어쩌다가 버섯 비슷한 걸 만들기도 하니까 너그럽게 봐줘도 괜찮겠지?

이제 곰팡이가 균계라는 생물 왕국을 이룬다는 걸 알았어. 누가 균계 식구이고, 누가 아닌지 구분하는 게 어렵다는 것도 알았지. 지금부터는 곰팡이가 자연에서 어떻게 사는지 살펴볼 거야.

이름: **댕구알버섯** | 학명: **칼바티아 니포니카**(*Calvatia nipponica*)

축구공만큼 큰 버섯이야. 더 큰 것도 있지. 늦여름부터 가을까지 길옆이나 숲에서 볼 수 있어. 처음에는 흰색이었다가 갈색으로 변하면서 엄청나게 많은 포자를 퍼뜨려.

4 쓰레기도 치우고 비도 내리고

곰팡이는 혼자서 살지 않아. 식물, 동물, 박테리아와 함께 살아. 참, 종이 다른 곰팡이들끼리 같이 살기도 하지. 곰팡이가 어울려 사는 걸 좋아해서 그러는 건 아니야. 그렇게 하는 게 자기한테 좋기 때문이지. 다른 생물의 생명을 빼앗을 필요가 있다면, 곰팡이는 망설이지 않고 그렇게 해. 그래서 가끔 희생자가 생기기도 하지만, 곰팡이는 자연에 꼭 필요한 존재야.

숲은 누가 치우지?

곰팡이가 없다면 지구는 쓰레기 세상일 거야. 숲에는 정말 많은 생물이 살잖아? 그만큼 죽는 생물도 많아. 가을이 오면 나무들이 땅바닥으로 잎을 떨어뜨려. 나무에는 문제가 될 게 없는 일이야. 자기한테는 더는 필요가 없어서 버린 게 낙엽이니까. 하지만 누군가는 그걸 치워야 해. 숲에 사는 생물이 다양하니까 그중에 낙엽을 청소할 생물이 있을 거 같지? 그런 일을 아무나 할 수 있는 건 아니야.

곰팡이는 타고난 청소부

낙엽에는 셀룰로스와 목질소가 잔뜩 들어 있어서 매우 질겨. 그래서 동물들은 거의 먹지 못해. 낙엽을 치우는 건 타고난 청소부 곰팡이야. 곰팡이가 깔끔해서 그러는 게 아니라 낙엽이 곰팡이의 먹이이기 때문이지. 셀룰로스와 목질소를 소화하는 곰팡이한테는 나뭇잎이 많이 떨어지는 가을이 축제의 계절이야. 그래서 가을에 버섯이 쉽게 눈에 띄는 거지. 침엽수 잎은 활엽수 잎보다 소화하는 게 더 힘들어. 그런 까닭에 침엽수 숲 바닥에 가느다란 낙엽이 두껍게 쌓이지만, 결국에는 곰팡이가 다 없애지.

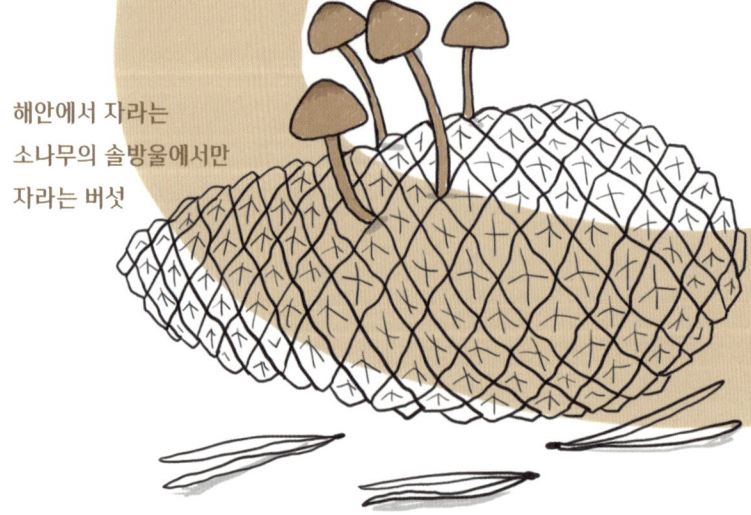

해안에서 자라는
소나무의 솔방울에서만
자라는 버섯

똥을 사랑하는 곰팡이

많은 동물이 식물을 먹지만 잘 소화하지는 못해. 초식 동물이 눈 똥에는 여전히 곰팡이가 먹을 게 많이 남아 있단 뜻이지. 곰팡이는 좋아하는 먹이를 먹을 뿐이지만, 그 덕분에 숲이 깨끗해져. 곰팡이마다 좋아하는 똥이 따로 있어. 토끼 똥을 먹는 곰팡이는 사슴 똥은 거들떠보지도 않아. 사슴 똥을 먹는 곰팡이는 토끼 똥이라면 질색하지. 잘 알겠지만, 모든 동물은 언젠가는 죽어. 그런데 왜 자연에서 죽은 동물을 자주 볼 수 없는 걸까? 숨어서 지켜보면 그 이유를 알게 돼. 동물이 죽으면 여우, 까마귀, 파리, 딱정벌레 같은 동물들이 먼저 찾아와. 영양가가 풍부한 먹이를 그냥 둘 이유가 없으니까. 파리는 죽은 동물 몸에 알을 낳고, 알에서 나온 구더기들이 맛있게 고기를 먹어. 그렇지만 동물들은 털, 깃털, 발굽을 소화하지 못해. 그런 건 곰팡이 차지야. 다른 동물이 힘들어하는 일을 곰팡이가 해결해 주는 거지.

토끼 똥을 먹는 곰팡이

개똥 청소부

보호자가 개똥을 치우지 않으면 곰팡이가 대신 치울 거야. 하지만 시간이 오래 걸리니까 누가 밟기 전에 치우는 게 좋겠지?

개똥을 먹는 곰팡이

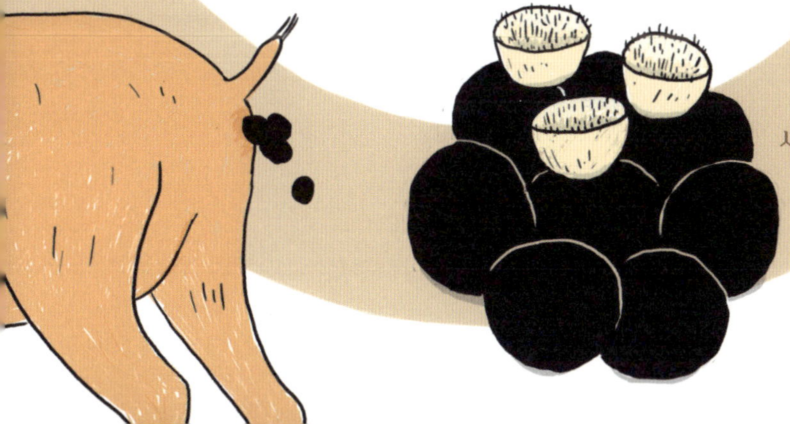

사슴 똥을 먹는 곰팡이

나무 전문 곰팡이

똥, 낙엽, 죽은 동물까지 치워 주다니, 곰팡이가 좋지 않니? 고맙다고 말하기 전에 잠깐 기다려. 곰팡이가 나무도 치워 주거든. 곰팡이가 마룻바닥을 썩게 만들면 화가 나겠지만, 숲에는 그런 곰팡이가 꼭 필요해.

숲에는 늘 죽은 나뭇가지가 떨어져. 게다가 나무가 아무리 오래 살아도 언젠가는 죽어서 쓰러져. 치우지 않으면 숲이 엉망이 되지. 더 중요한 건 곰팡이가 죽은 나무를 분해해야 거기에 들어 있는 영양분을 산 나무가 흡수할 수 있단 거야. 그래서 숲에는 곰팡이가 꼭 있어야 해.

어떤 곰팡이는 가문비나무를 좋아하고, 어떤 곰팡이는 너도밤나무를 좋아해. 그래서 숲에 쓰러진 너도밤나무와 죽은 가문비나무에서는 각각 다른 버섯이 펴.

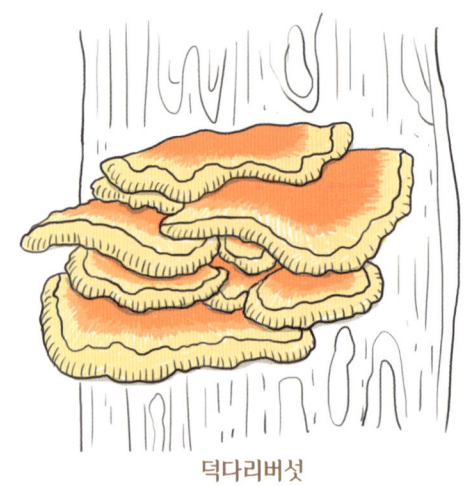
덕다리버섯

노란개암버섯

말굽버섯

자작나무잔나비버섯

나무를 분해하는 곰팡이를 목재부후균이라고 해. 그중에서 **갈색부후균**은 셀룰로스만 분해해. 분해한 나무는 갈색으로 변해. **흰색부후균**은 주로 목질소를 분해해. 분해한 나무는 희게 변하지. 자작나무잔나비버섯과 덕다리버섯은 갈색부후균, 말굽버섯과 뽕나무버섯은 흰색부후균이야.

뽕나무버섯

이름: **말굽버섯** | 학명: **포메스 포멘타리우스**(*Fomes fomentarius*)

아주 단단한 버섯이야. 마치 진짜 나무로 만든 것처럼 단단해. 살아 있는 활엽수나 죽은 활엽수에서 자라고, 봄에 흰색 포자를 날려 보내.

왕잎새버섯

신선한 나무가 좋아

나무를 분해하는 곰팡이 중에는 참을성이 없는 종도 있어. 나무가 살아 있을 때부터 야금야금 먹기 시작하지. 산 나무를 분해하는 건 힘들어. 나무도 가만있지 않거든. 튼튼한 나무껍질이 침투를 막고, 곰팡이가 싫어하는 물질을 분비하기도 하지. 그래서 보통은 산 나무에서는 곰팡이가 자라지 못해.

하지만 나무가 나이가 너무 많거나, 가뭄이 들거나, 뿌리가 상해서 약해지면, 곰팡이가 자라기 시작해. 너도밤나무에서 왕잎새버섯이 자란다는 건 나무가 약해졌단 뜻이야.

물푸레나무잎마름병 곰팡이는 건강한 물푸레나무 가지 속으로 균사를 뻗어. 그러면 가지가 먼저 죽고, 결국에는 나무도 죽지. 그러는 동안 가지에서 작은 버섯이 자라나서 다른 물푸레나무로 포자를 날려 보내.

가을에 나뭇잎이 떨어질 때까지 기다리지 않고, 여름부터 나무에 달린 잎에서 자라는 곰팡이도 있어. 이런 곰팡이 중에서 몇몇 종은 잎이 달려 있을 때는 나무에 거의 피해를 주지 않아. 그러다가 잎이 떨어지면 본격적으로 식사를 시작하고 왕성하게 자라.

포자

물푸레나무 잎마름병 곰팡이

식물은 곰팡이의 먹이

곰팡이는 나무 말고 다른 식물도 좋아해. 아주 작은 식물도 곰팡이를 피해 도망칠 순 없지. 예를 들어, 아주 작은 식물인 돌말은 유리처럼 단단한 갑옷을 입고 뾰족한 가시까지 두르고 있어도 물에 사는 단세포 곰팡이를 막지는 못해.

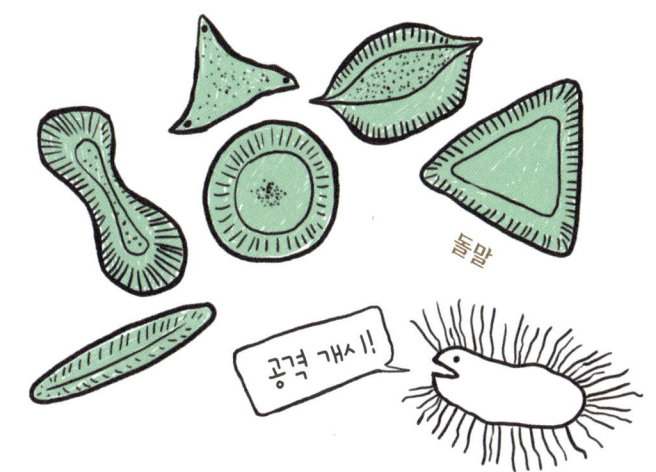

돌말

공격 개시!

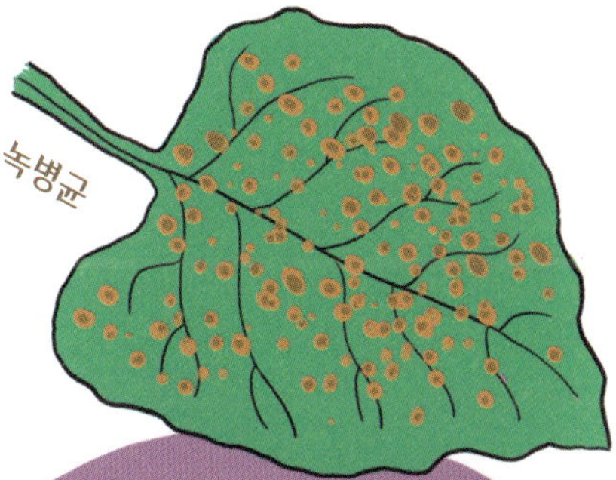

농부들은 녹을 무서워해. 농기계에 녹이 스는 것도 싫어하지만, **녹병균**이라는 곰팡이를 더 싫어하지. 이 곰팡이가 공격하면 농작물에 검은색이나 갈색 반점이 생겨. 그러다가 결국 농작물이 죽어 버리지. 녹병균이 한 농작물에 침투하면, 순식간에 온 밭으로 퍼져서 막기 힘들어.

녹병균

이놈의 곰팡이!

흰가루병 곰팡이는 살아 있는 식물의 잎을 하얗게 만들어. 잎이 망가진 식물은 시름시름 앓게 되지.

곰팡이를 먹는 곰팡이

곰팡이는 곰팡이도 먹어. 물론 자기 친구가 아니라 다른 종을 먹는 거지. 이런 일은 아주 은밀하게 일어나서 우리는 알아채지 못해. 그래서 한 나무에 껍질고약버섯과 황금흰목이가 함께 피어 있으면, 그냥 '둘이 함께 자라는구나.' 하고 생각하기 쉬워. 하지만 실제로는 황금흰목이 균사가 껍질고약버섯의 균사를 먹고 있는 거야.

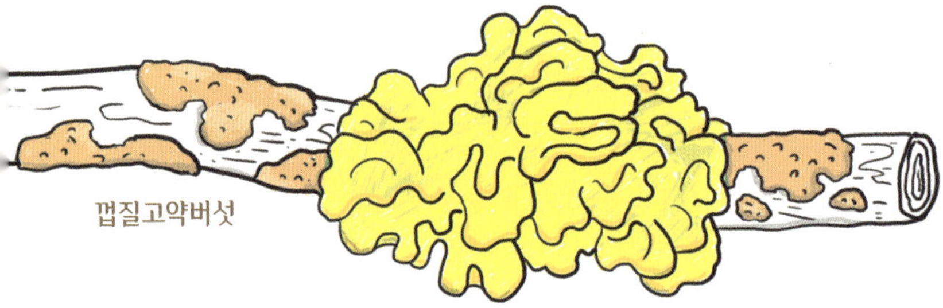

껍질고약버섯

황금흰목이

곰팡이가 곰팡이를 먹는 건 대부분 쓸데없는 걸 청소하는 일이야. 무당버섯이 포자를 퍼뜨리고 나면, 기생덧부치버섯 곰팡이가 균사를 무당버섯 몸속으로 뻗어. 그러고는 스스로 버섯을 피우지. 버섯 위에서 버섯이 자라는 거야.

포자를 퍼뜨린 무당버섯은 죽은 거나 마찬가지야. 깔끔하게 치우는 게 좋겠지?

기생덧부치버섯

무당버섯

이름: **목도리방귀버섯** | 학명: **게아스트룸 트리플렉스**(*Geastrum triplex*)

꽃처럼 보이지만 버섯이야. 동글동글한 공 위에 구멍이 뽕 뚫리면, 짙은 갈색 포자가 탈출해서 공기를 타고 날아가.

고기를 좋아하는 곰팡이

포식자가 뭔지 알지? 곰팡이 중에도 포식자가 있어. 진짜라니까! 올가미로 벌레를 잡는 곰팡이도 있는걸. 지렁이처럼 큰 벌레가 아니라 아주 작고 길쭉한 벌레인 선형동물을 잡아. 선형동물은 땅속에 수천 마리씩 모여서 살아. 그중에 많은 수가 곰팡이를 먹어. 하지만 술잔버섯은 거꾸로 선형동물을 노려. 땅속에 균사로 작은 올가미를 만들어 놓고 기다리는 거지. 멋모르는 벌레가 그 사이로 지나가면, 올가미가 자동으로 닫혀. 밀렵꾼들이 불쌍한 토끼를 잡으려고 놓는 올가미 덫과 비슷하지.

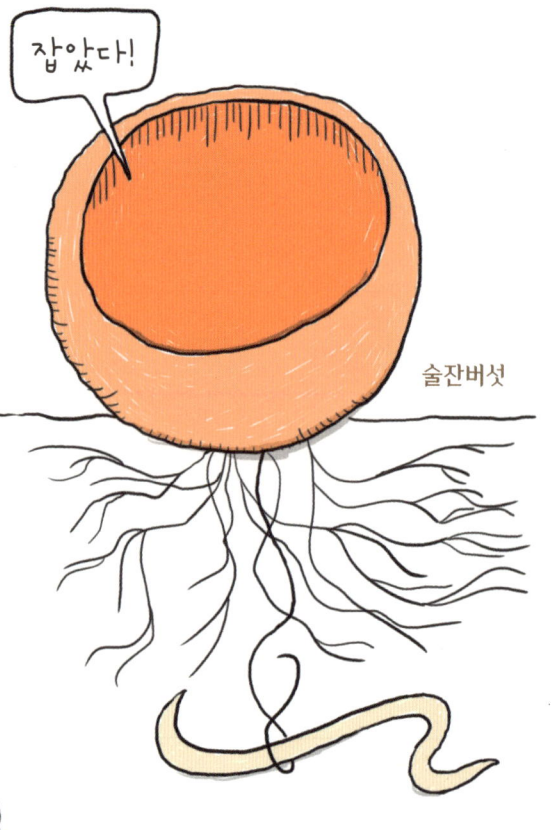

잡았다!

술잔버섯

무당벌레에 침투한 곰팡이
헤스페로미케스

파리와 나비

곤충 사냥꾼 곰팡이는 파리와 다른 곤충도 노려. 이런 곰팡이들은 대개 한 가지 곤충만 사냥해. 곤충이 엄청나게 다양하니까 그만큼 곤충을 먹는 곰팡이도 다양하지.

어떤 곰팡이는 식성이 아주 까다로워. 한 딱정벌레의 더듬이에만 사는 곰팡이가 있는데, 아주 얌전하게 살아서 딱정벌레는 별로 성가시게 느끼지도 않아.

그렇지만 곤충을 노리는 곰팡이는 대부분 그렇게 얌전하지 않아. 아주 교활한 방법으로 희생자를 죽음으로 몰아넣지. 끔찍하기 짝이 없는 일은 포자가 파리 몸에 내려앉으면서 시작돼. 포자에서 자라난 곰팡이는 파리 몸속으로 들어가려고 해. 거기 맛있는 고기가 있기 때문이지. 들어갈 구멍이 없으면, 곰팡이가 스스로 구멍을 뚫어.

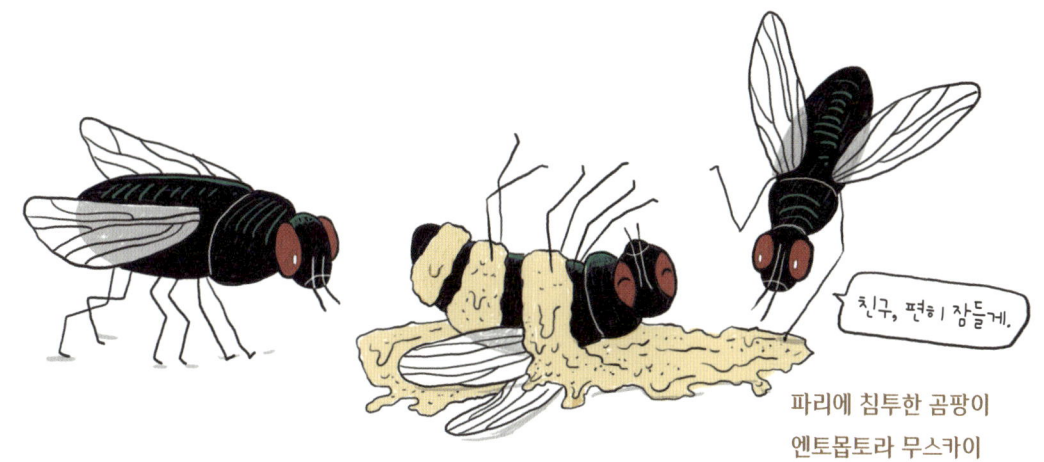

파리에 침투한 곰팡이
엔토몹토라 무스카이

먼저, 단단한 단추 모양으로 자란 다음에 강력한 힘으로 물을 뿜어서 구멍을 내. 그러고는 파리 몸속으로 들어가 고기를 먹으며 자라지. 파리는 자기가 먹히고 있다는 것도 몰라. 영리한 곰팡이가 파리의 중요한 기관은 남겨 두고 다른 부분부터 먹기 때문이지.

너무 많이 먹히면 결국 파리가 죽어. 그리고 얼마 뒤, 파리 몸에서 걸쭉하고 누런 액체가 흘러나와. 건강한 파리가 죽은 친구에게 마지막 인사라도 하려고 다가왔다가는 새로운 희생자가 되고 말아. 누런 액체에 곰팡이 포자가 잔뜩 들어 있거든.

나비 애벌레를 공격하는 곰팡이도 있어. 이런 곰팡이는 한동안 애벌레가 마음껏 먹고 자라도록 내버려둬. 그러다가 다 자란 애벌레가 번데기로 변신하면, 활동을 시작해. 번데기 속에서 사방으로 균사를 뻗으며 자라는 거지. 나중에 번데기에서 무엇이 나올지 알겠지? 맞아, 나비가 아니라 버섯이야. 그걸 동충하초라고 하지.

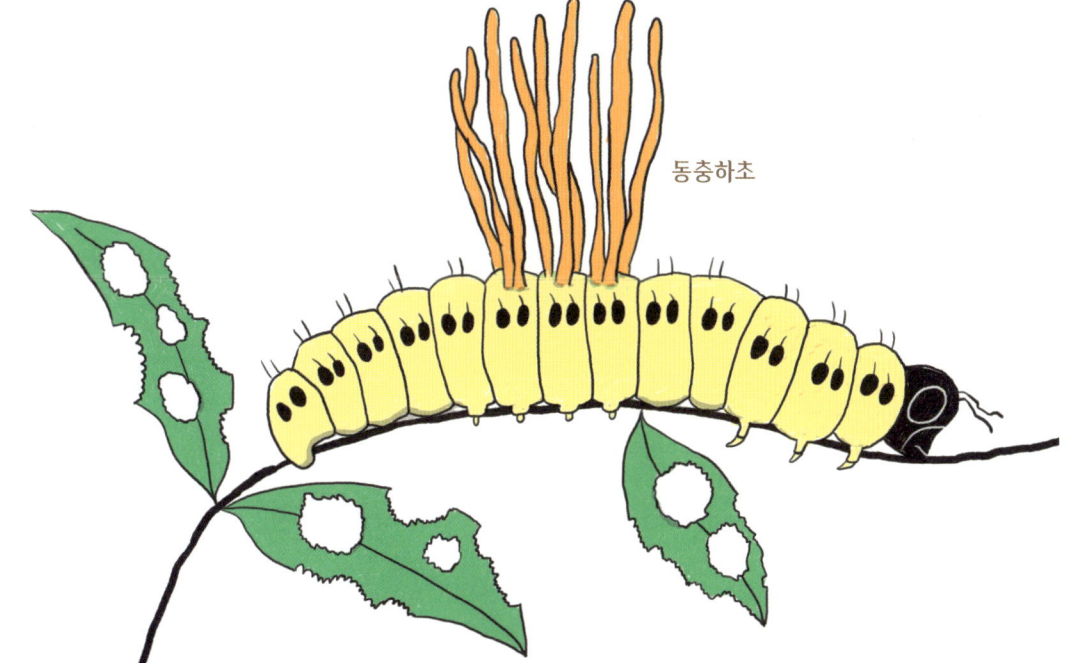

동충하초

다리가 여섯인 좀비

포식동충하초속의 한 곰팡이는 열대우림에 살아. 목수개미를 자기가 원하는 대로 조종하는 교활한 곰팡이지. 어떻게 곰팡이가 개미를 조종하는지 궁금하다면, 두 가지 일기를 읽어 봐.

목수개미의 일기

6월 3일
일하기에 딱 알맞게 날씨가 좋았다.

6월 4일
오늘은 몸이 찌뿌듯한 게 좀 이상했다.

6월 5일
일하기도 싫고, 친구들과 놀 마음도 안 생긴다. 왜 그런지 모르겠지만 자꾸 위로 올라가고 싶다.

6월 6일
결국 나무 꼭대기에 다다랐다. 잎 뒷면으로 가야만 한다고 누군가 말했다. 시키는 대로 잎 뒷면으로 가서 잎맥을 턱으로 세게 물었다. 내가 왜 이러는지 모르겠다. 정말 이상하다. 이젠 아무것도 느낄 수가 없다.

포식동충하초속
곰팡이의 일기

6월 3일
드디어 목수개미 몸 전체를 내 균사로 채웠다.
내일 공격을 시작할 거다.

6월 5일
잘되고 있다. 개미가 내가
원하는 대로 움직인다!

6월 4일
공격 시작. 어떻게 될지
나도 궁금하다.

6월 6일
개미가 완벽한 장소에 도착했다.
개미의 임무는 끝났다!
이제부턴 내 차례다.

6월 13일
난 배가 부르고, 개미는 속이 텅 비었다.
나의 버섯도 바깥으로 나갈 준비가 끝났다.

6월 14일
정말 잘생긴 버섯이다! 내 아래로
수많은 목수개미가 지나간다.
포자를 뿌리기에 딱 좋은 때다.

곰팡이에 사로잡힌 개미는
자기 의지대로 행동하지 못해.
좀비가 되는 거지. 그래서
포식동충하초속 곰팡이를
좀비 곰팡이라고 부르기도 해.

개구리를 먹는 곰팡이

개구리와 도롱뇽은 축축한 곳을 좋아해. 곰팡이도 그렇지. 그리고 어떤 곰팡이는 개구리나 도롱뇽의 축축한 피부를 좋아해. 항아리곰팡이는 양서류 피부에 구멍을 내고 피부를 먹어. 바깥층만 조금 먹는 거라서 큰 피해를 주진 않아. 수백만 년 동안 그렇게 별일 없이 지냈는데 1998년부터 갑자기 상황이 돌변했어. 그때 중앙아메리카 파나마의 열대우림에서 연구하던 생물학자들이 많은 개구리가 병에 걸려 떼로 죽는 걸 발견했어. 같은 해에 다른 생물학자들이 호주에서도 같은 현상을 경험했지.

그 뒤로 상황이 점점 나빠졌어. 어떤 종은 발견되자마자 금세 멸종해 버렸어. 심지어는 두려울 게 없는 독개구리도 항아리곰팡이의 습격을 피하지 못했지.

생물학자들이 이 일에 책임질 부분이 있는 거 같아. 전 세계 생물학자들이 사랑하는 실험동물이 아프리카 발톱개구리야. 거의 모든 대학교에 이 동물을 기르는 수조가 있을 정도지. 나중에 밝혀진 건데, 발톱개구리의 피부에 항아리곰팡이가 있었어.
발톱개구리는 저항력이 있어서 항아리곰팡이가 조금 퍼져도 별로 고생을 안 해. 좀 가려우니까 발톱으로 긁고 싶기는 할 거야.
아마 생물학자들이 실험실에서 항아리곰팡이 포자를 묻힌 상태로 열대우림으로 가는 바람에 문제가 생겼을 거야. 일부러 그런 건 아닐 거야. 신발 바닥에 포자가 묻은 걸 몰랐겠지.
아메리카와 호주에 사는 독개구리들한테는 항아리곰팡이가 낯선 존재야. 본 적도 없으니까 저항력도 없지. 그래서 아무 문제도 일으키지 않았던 항아리곰팡이가 새로운 환경에서는 독개구리의 섬세한 피부를 파괴하게 된 거지. 어떤 개구리는 이제 이 곰팡이에 저항력이 생겼지만 심각한 개구리 질병 문제가 끝난 건 아니야.
그런 데다가 도롱뇽을 괴롭히는 항아리곰팡이까지 등장했어. 네덜란드에서는 2010년부터 도롱뇽이 병들어 죽기 시작했어. 독개구리처럼 독이 있지만, 독으로 곰팡이를 막지는 못했지. 황금빛 줄무늬가 아름다운 이 도롱뇽을 멸종 위기로
   몰아넣은 곰팡이는 이웃 나라로 퍼지고 있어.

먹히는 곰팡이

땅속에는 곰팡이 균사가 진짜 많아. 기어다니고, 파고, 갉아 먹는 생물도 땅속에 살지. 지렁이나 쥐며느리 같은 애들 말이야. 음, 그런데 이런 생물들은 뭘 먹을까? 낙엽을 먹는다는 말을 들어 봤겠지. 틀린 말은 아니지만, 실제로는 균사를 아주 좋아해. 셀룰로스와 목질소가 잔뜩 든 낙엽보다 균사가 소화하기 훨씬 쉽거든.

무당벌레가 진딧물을 먹는다는 건 잘 알 거야. 우리가 흔히 보는 무당벌레들이 그러지. 그런데 곰팡이를 더 좋아하는 종도 있어. 레몬처럼 노란 이십이점무당벌레는 살아 있는 식물 잎에서 자라는 곰팡이만 먹어.

버섯 미식가

수많은 균사가 한데 뭉친 게 버섯이잖아. 곰팡이를 먹는 생물들한테는 버섯이 잔칫상이나 마찬가지야. 온갖 동물이 버섯을 먹는 게 당연하지. 다람쥐는 기꺼이 그물버섯을 베어 먹고, 들쥐는 야생 버섯을 보자마자 달려들 거야.

거의 모든 야생 버섯에는 구더기나 애벌레가 들어 있어. 곤충들은 버섯이 피자마자 찾아와서 알을 낳아. 알은 금방 부화해. 버섯이 오래 못 가니까 서둘러야지. 애벌레는 버섯에서 버섯을 먹으며 지내. 그러니까 다람쥐가 채식한다고 생각하면 오해야.

아무 버섯이나 막 먹으면 안 되잖아? 어떤 건 맛이 고약하고, 독버섯을 잘못 먹었다간 죽을 수도 있으니까. 다람쥐가 걱정된다면 안심해도 돼. 버섯 도감이 없어도 야생동물이 독버섯을 우리보다 훨씬 잘 골라내거든. 박테리아도 곰팡이를 먹어. 죽은 것도 먹고, 산 것도 먹지. 독버섯이 동물이나 사람에게 치명적인 독을 품고 있는 것처럼, 어떤 곰팡이는 박테리아를 죽이는 물질을 생산해. 그런 물질을 항생물질이라고 해. 항생물질이 들어 있는 약이 바로 **항생제**야.

흙과 빗물, 그리고 곰팡이

곰팡이가 자연에서 얼마나 중요한지 제대로 알고 싶다면, 네가 식물이라고 상상해 봐. 자, 식물에 가장 중요한 게 뭘까? 뿌리를 잘 뻗을 수 있는 좋은 흙이야. 부엽토가 풍부하게 들어 있어야 좋은 흙이지. 부엽토는 풀이나 낙엽이 썩어서 된 흙이야. 식물을 썩게 만든 게 바로 곰팡이지. 지금까지 곰팡이가 식물을 분해한다, 소화한다, 먹는다, 이렇게 다양하게 표현했는데, 다 같은 뜻이야. 곰팡이가 양분을 흡수하고, 그 결과로 식물이 썩는다는 뜻이지.

부엽토가 풍부한 흙은 스펀지처럼 빗물을 빨아들여. 그리고 땅속에 있던 균사가 사라지면, 공기가 통하는 통로가 생겨. 바람이 잘 통하고 촉촉한 흙보다 식물에 더 좋은 흙은 없어.

뿌리

곰팡이 균사

공기 통로

포자

따뜻한 공기

수증기

| 찻숟가락 하나쯤 되는 좋은 흙에 들어 있는 균사를 다 이으면 2킬로미터쯤 돼.

찬 공기

비를 만드는 곰팡이

네가 식물이라면 또 뭘 간절히 바랄까? 시원하게 내리는 비일 거야. 비가 내리는 일에도 곰팡이가 중요한 역할을 해. 비의 출발점은 물이 기체로 변한 수증기야. 땅 가까운 곳에 있는 따뜻하고 촉촉한 공기에 수증기가 많아. 따뜻한 공기는 위로 올라가. 위로 올라갈수록 공기는 점점 차가워져. 그러면 수증기가 다시 액체 물이 되려고 하지. 이때 필요한 것이 수증기가 달라붙을 작은 물체야. 공기에 섞여서 떠다니는 먼지도 좋지만, 곰팡이 포자는 자석처럼 물방울을 끌어당겨. 공기에는 엄청나게 많은 포자가 섞여 있지.

특히 열대우림 위쪽 공기에 많이 섞여 있어. 열대우림에서 곰팡이가 많이 자라고, 그만큼 많은 포자를 배출하기 때문이야. 그러니까 곰팡이 포자 덕분에 비가 많이 내리고, 그 덕분에 열대우림이 언제나 푸르른 거야. 참고로, 우림은 비가 많이 내리는 숲이라는 뜻이야.

이렇게 곰팡이는 자연에서 늘 바쁘게 지내. 자기와 다른 생물이 어지른 걸 치워야 하니까 얼마나 바쁘겠어. 곰팡이는 먹고, 자라고, 포자를 배출함으로써 자연을 살기 좋은 곳으로 만들어. 특히 식물에 큰 도움을 주지. 아직 말하지 않았지만, 식물과 곰팡이는 서로한테 정말 좋은 친구야. 둘 사이의 우정이 진짜 단단하지. 다음 장에서 그 이야기를 해 줄게.

엄청나게 무거운 포자
지구 공기에 섞여서 떠다니는 포자를 모두 합친 무게는? 500억 킬로그램. 모든 지구인한테 6킬로그램씩 나누어 주고도 남아!

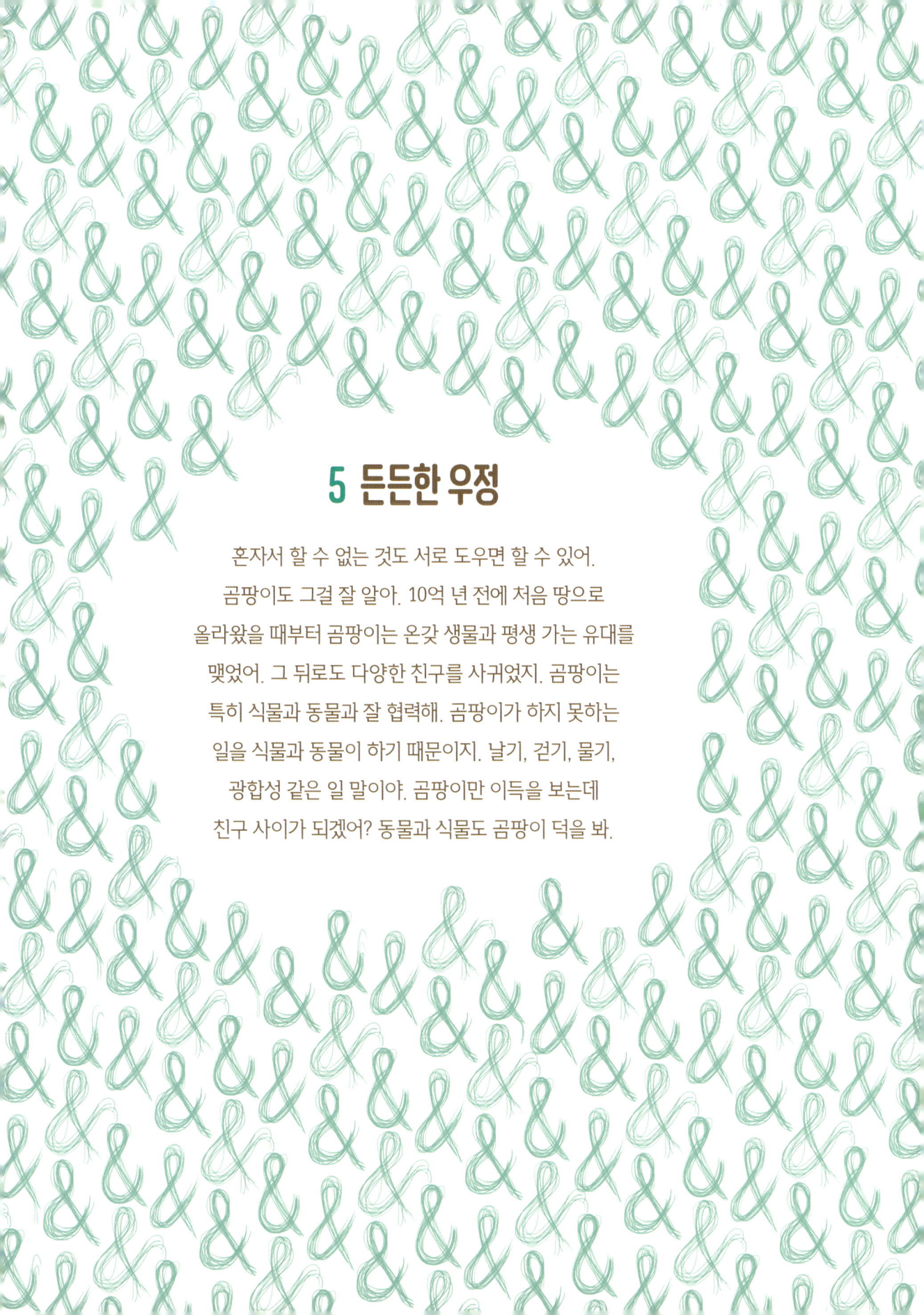

5 든든한 우정

혼자서 할 수 없는 것도 서로 도우면 할 수 있어. 곰팡이도 그걸 잘 알아. 10억 년 전에 처음 땅으로 올라왔을 때부터 곰팡이는 온갖 생물과 평생 가는 유대를 맺었어. 그 뒤로도 다양한 친구를 사귀었지. 곰팡이는 특히 식물과 동물과 잘 협력해. 곰팡이가 하지 못하는 일을 식물과 동물이 하기 때문이지. 날기, 걷기, 물기, 광합성 같은 일 말이야. 곰팡이만 이득을 보는데 친구 사이가 되겠어? 동물과 식물도 곰팡이 덕을 봐.

식물과 함께 사는 곰팡이

아마 잘 모르겠지만, 모든 식물에 곰팡이가 살아. 곰팡이가 식물을 아프게 하는 거 아니냐고? 그러기도 하지만 곰팡이 대부분은 식물에 해를 끼치지 않아. 사실 곰팡이는 나뭇가지와 껍질에 언제나 살고 있어. 아마 나무는 이렇게 말할걸.
"그냥 놔둬."

잎에 사는 곰팡이

나무는 자기 잎에서 사는 곰팡이에 별로 신경을 쓰지 않아. 열대우림에는 나뭇잎에만 사는 곰팡이가 많아. 나뭇잎에 살지만, 나뭇잎을 먹지는 않지. 먹을거리는 공기에서 잡아. 공기에 섞여 떠다니는 꽃가루와 나무 먼지 같은 거 말이야. 이런 곰팡이는 햇빛이 닿는 걸 싫어해서 주로 잎 아랫면에 살아. 그리고 깔끔해. 하지만 솔직하게 말하면, 나무에 별 도움은 안 돼.

생물 두 종이나 여러 종이 협력하여 함께 사는 걸 **공생**이라고 해.

후루루루룩

나도 **마시고** 싶어!

곰팡이 균사체와 식물 뿌리가 함께 자라는 걸 **균근**이라고 해. 야생 버섯 중에는 나무 뿌리와 균근을 이루는 종이 꽤 많아.

뿌리는 너무 짧아

땅속에 사는 곰팡이는 나무에 큰 도움을 줘. 곰팡이가 좋은 흙을 만든다는 건 이미 알 거야. 부엽토를 만들고 흙에 공기가 통하게 하잖아. 이게 다가 아니야. 땅속 곰팡이는 초록빛 친구들을 위해서 물을 빨아들여. 그 물에는 식물에 중요한 여러 물질이 녹아 있어.
식물도 뿌리로 물을 빨아들이지 않냐고 묻고 싶을 거야. 맞아, 식물도 물을 빨아들여. 뿌리째 뽑아서 물병에 담가 두면, 식물이 물을 흡수하는 걸 알 수 있지. 그렇지만 땅에서 물을 빨아들이려면 뿌리가 흙 알갱이 사이로 비집고 들어가야 해. 문제는 그러기에는 뿌리가 너무 굵다는 거지. 아주 가느다란 잔뿌리만 그럴 수 있는데, 또 문제가 있어. 잔뿌리가 너무 짧거든.
다행히 나무는 도움을 받을 친구가 있어. 흙 알갱이 사이사이로 몇 미터나 균사를 뻗을 수 있는 곰팡이가 바로 그 친구지.

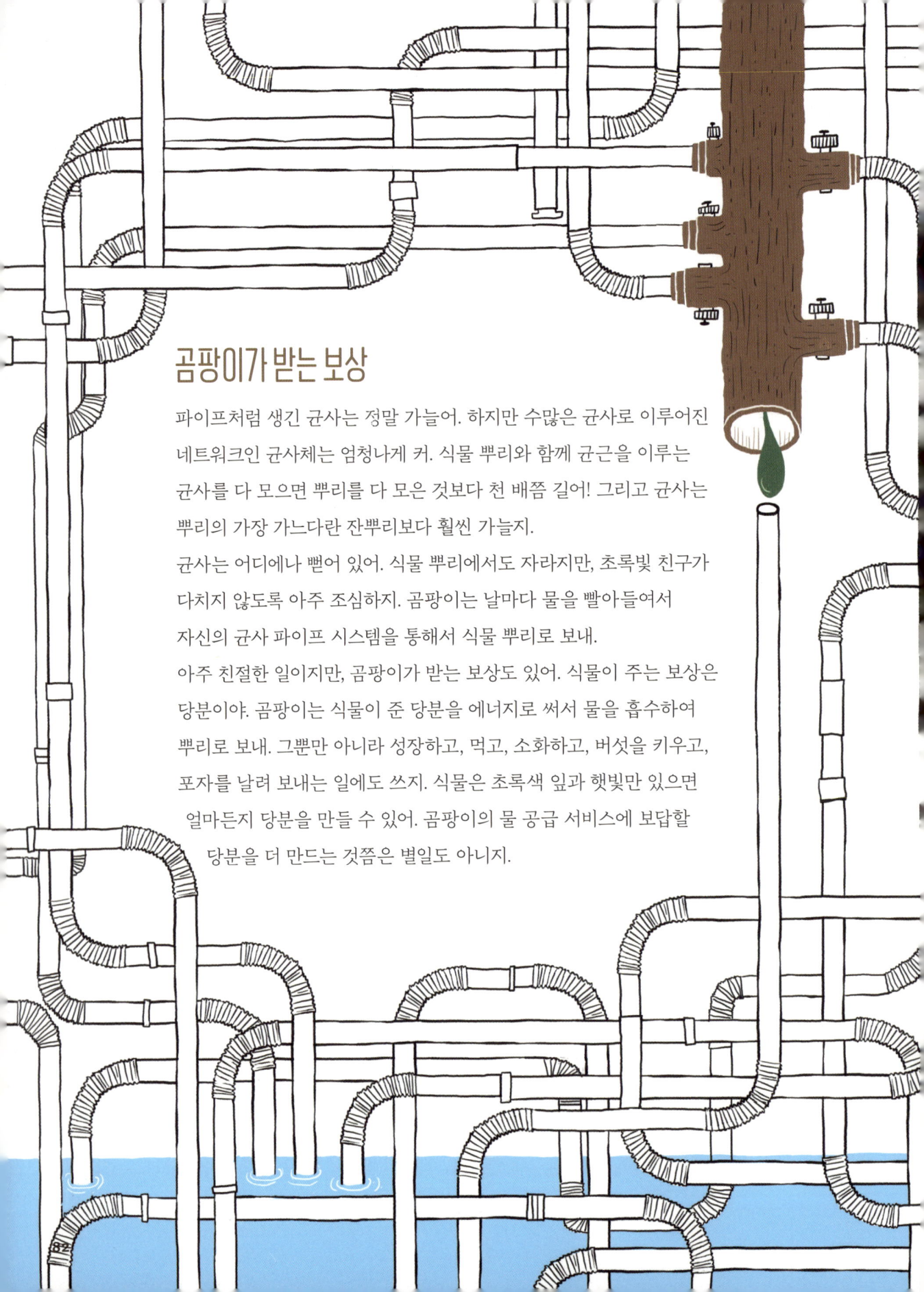

곰팡이가 받는 보상

파이프처럼 생긴 균사는 정말 가늘어. 하지만 수많은 균사로 이루어진 네트워크인 균사체는 엄청나게 커. 식물 뿌리와 함께 균근을 이루는 균사를 다 모으면 뿌리를 다 모은 것보다 천 배쯤 길어! 그리고 균사는 뿌리의 가장 가느다란 잔뿌리보다 훨씬 가늘지.

균사는 어디에나 뻗어 있어. 식물 뿌리에서도 자라지만, 초록빛 친구가 다치지 않도록 아주 조심하지. 곰팡이는 날마다 물을 빨아들여서 자신의 균사 파이프 시스템을 통해서 식물 뿌리로 보내.

아주 친절한 일이지만, 곰팡이가 받는 보상도 있어. 식물이 주는 보상은 당분이야. 곰팡이는 식물이 준 당분을 에너지로 써서 물을 흡수하여 뿌리로 보내. 그뿐만 아니라 성장하고, 먹고, 소화하고, 버섯을 키우고, 포자를 날려 보내는 일에도 쓰지. 식물은 초록색 잎과 햇빛만 있으면 얼마든지 당분을 만들 수 있어. 곰팡이의 물 공급 서비스에 보답할 당분을 더 만드는 것쯤은 별일도 아니지.

모두 곰팡이의 친구

곰팡이는 친구를 까다롭게 고르지 않아. 물론 더 좋아하는 친구가 있긴 하지. 광대버섯은 자작나무 뿌리와 특히 잘 맞아. 그래서 줄기가 하얀 자작나무 근처에서 흰 점이 박힌 빨간 버섯이 자주 보이는 거야. 하지만 광대버섯은 떡갈나무, 너도밤나무, 밤나무와도 친해. 완전히 다르게 생긴 소나무와 가문비나무와도 잘 지내지.

이렇게 땅속 곰팡이는 대개 모든 나무와 친해. 나무도 딱 한 곰팡이와 친구가 되는 건 아니야. 큰 나무는 곰팡이 친구가 50명이 넘고, 친구가 된 곰팡이 종류가 15종쯤 돼.

곰팡이와 식물의 공생 관계는 최근에 생긴 게 아니야. 식물이 처음 땅으로 올라왔을 때부터 있던 일이지. 그때 식물은 뿌리가 없었어. 땅속에 사는 곰팡이가 돕지 않았으면 살아남지 못했을 거야.

곰팡이 네트워크

식물은 땅속에서 여러 곰팡이와 연결되어 있어. 곰팡이도 여러 식물과 연결되어 있지. 그러니까 식물들도 곰팡이 네트워크를 통해서 서로 연결된 거지. 나무들은 곰팡이 네트워크를 이용해서 서로 정보를 교환해. 좋은 영양분이 어디 있는지, 벌레들이 어디서 잎을 씹어 먹는지 서로 알려 주지.

당분이 녹아 있는 물도 한 나무에서 다른 나무로 이동해. 물론 곰팡이 네트워크를 이용하지. 힘든 겨울에는 큰 떡갈나무가 어린 떡갈나무를 돕고, 가문비나무가 자작나무를 도와. 너무 놀라워서 믿기 어려울 정도야.

이 현상을 좀 다르게 볼 수도 있어.

곰팡이는 가문비나무와 자작나무를 모두 살려 두기를 바라는 것 같아. 겨울에는 가문비나무에서 당분 물을 빌려다가 쓰러질 것 같은 자작나무에 보내 줘. 봄이 오면 자작나무가 새잎을 내고 당분을 풍부하게 만들어. 여름에 가뭄이 들어서 가문비나무가 힘겨워하면, 곰팡이가 자작나무가 생산한 당분 물을 가문비나무에 보내.

곰팡이가 이걸 다 생각하면서 하는 걸까? 그러지는 않는 거 같아. 아무튼 곰팡이 네트워크 덕분에 숲 전체가 건강해지고, 그러면 곰팡이도 더 좋은 환경에서 살 수 있는 건 분명해.

쉿, 무슨 소리가 나는 거 같아.

숲 친구들 주소록

도와줘!

전 세계를 연결하는 인터넷 네트워크를 가리켜서 WWW라고 하는데, 그건 'World Wide Web'을 줄인 거야. 곰팡이로 연결된 숲 네트워크를 WWW라고 부르기도 해. 'Wood Wide Web'을 줄인 거지.

이름: **먹물버섯** | 학명: **코프리누스 코마투스**(*Coprinus comatus*)

풀밭에 많고 가끔 길에서도 볼 수 있어. 아스팔트도 뚫고 올라올 만큼 힘이 세. 풀밭에 잔뜩 모여서 피면, 양 떼가 풀을 뜯는 거 같아. 하지만 곧 이름처럼 시커먼 물을 뚝뚝 흘리게 되지.

식물을 키우는 곰팡이

씨앗에서 나온 새싹이 자라는 건 쉽지 않아. 씨앗에 양분이 조금 들어 있기는 해. 그걸로 잎이 달린 가지 하나와 뿌리 한 줄기를 낼 수는 있어. 새싹 뿌리는 나오자마자 곰팡이를 찾아야 해. 아기 식물은 곰팡이가 좋아하는 특별한 물질을 내보내. 도와 달라고 소리치는 거지. 그 물질을 감지한 곰팡이는 식물을 향해서 자라기 시작하지.

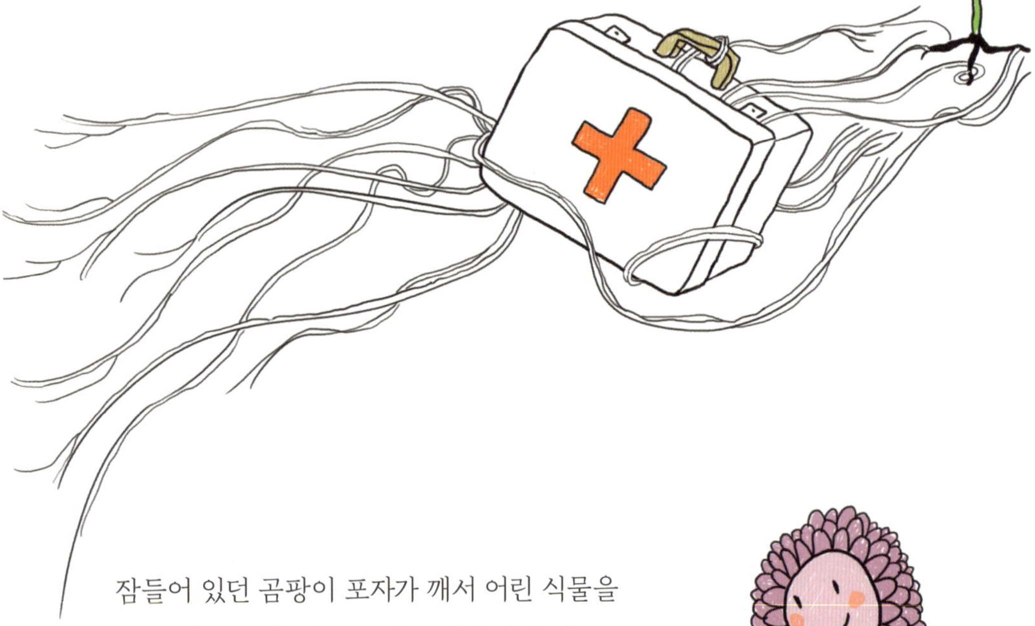

잠들어 있던 곰팡이 포자가 깨서 어린 식물을 돕는 일도 흔해. 이런 포자는 땅속에서 몇 년 동안 신호를 기다려. 식물 씨앗에서 나오는 물질을 포착하면 비로소 잠에서 깨지. 포자에서 깬 곰팡이는 씨앗에서 나온 새싹 쪽으로 균사를 뻗으며 자라. 그렇게 둘이 평생 친구가 되지.

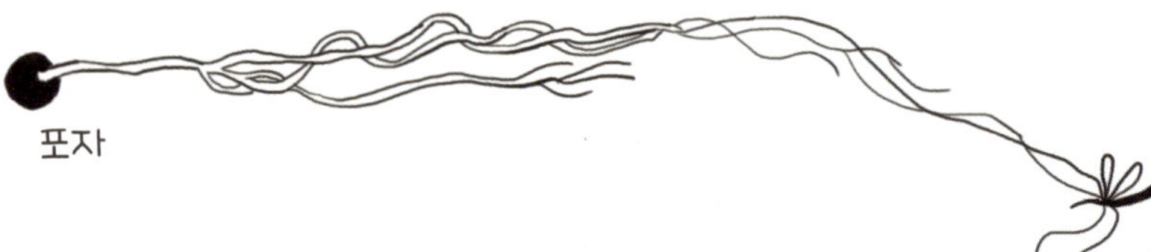

포자

씨앗

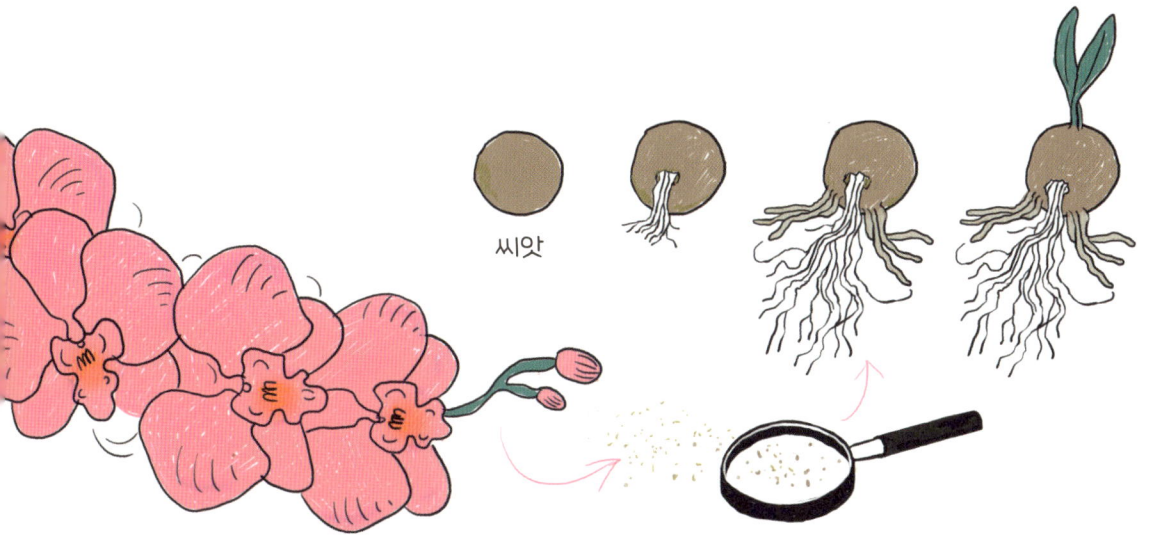

난초 씨앗은 아주 작아. 작아서 좋은 것도 있어. 가벼우니까 씨앗이 바람을 타고 멀리 날아가서 좋은 곳에 자리를 잡을 수 있지. 수많은 씨앗을 만드는 데 에너지가 적게 드는 것도 장점이야. 그 대신에 아주 큰 단점이 있어. 씨앗이 너무 작아서 양분이 거의 담겨 있지 않아. 그래서 난초 씨앗은 스스로 뿌리 한 줄기도 내지 못해. 이런 단점을 극복하기 위해서 난초는 작은 곰팡이가 붙어 있는 씨앗을 생산해. 씨앗이 어딘가에 내려앉으면 곰팡이가 먼저 자라기 시작해. 곰팡이가 충분한 물을 흡수할 만큼 자라면, 그제야 난초 씨앗이 싹을 틔우지. 곰팡이가 없으면 난초 씨앗은 싹을 틔우지 못해.

유령 식물

곰팡이와 공생하는 난초 중에 조금 이기적인 종이 있어. 사실은 조금이 아니라 엄청 이기적이지. 이런 난초는 초록색 잎을 내지 않아. 그래서 햇빛과 공기로 당분을 만드는 광합성을 하지 못해. 그런데도 식물이라고 부르는 게 맞는지 모르겠어. 필요한 양분은 모두 곰팡이 친구한테서 얻어서 써. 곰팡이도 이런 관계를 좋아하는지, 어떤 이득을 보는지 모르겠지만, 아무튼 난초와 함께 살아. 이렇게 자기만 이득을 보는 유령 식물들이 제법 많아. 그들을 골라내는 쉬운 방법이 있어. 잎이 없고 줄기가 밝은 갈색이나 흰색인 식물을 찾으면 돼. 유령 식물도 꽃에는 색깔이 있어.

오래된 약속

식물과 곰팡이 사이의 협력 가운데 가장 멋지고, 가장 친밀하고, 가장 성공적인
예는 지의류야. 아마 지의류를 처음 보면 좀 이상한 식물이라고 생각할 거야.
하지만 지의류는 아주 작은 식물인 조류를 포함하고 있는 곰팡이야. 곰팡이는
형태를 잡고 안전하게 지지하는 역할과 물을 공급하는 일을 맡아. 조류는
양분을 제공하지. 다른 식물들처럼 조류도 햇빛과 공기로 광합성을 하거든.
지의류는 식물이 땅에 올라오기 전부터 땅을 덮고 있었어.
곰팡이와 조류가 팀을 이룬 지의류는 흙이 없는 곳에도 살아. 곰팡이는
바위에도 착 달라붙어서 공기의 수분을 흡수할 수 있어. 공기에 섞인 수증기를
낚아채는 거지. 지의류의 유일한 단점은 성장 속도가 매우 느린 거야. 한 해에
겨우 몇 밀리미터밖에 자라지 않아.
지의류는 키가 크게 자라지는 않지만, 다른 식물은 절대로 견딜 수 없는
환경에서도 살아. 극지방과 고산지대 같은 혹독한 환경에서도 잘 살고
나무줄기와 지붕을 덮은 기와에서도 자라지.
지의류를 이루는 곰팡이도 포자를 만들어. 포자가 발아할 때 근처에
조류가 있어야 하는데, 그것도 짝이 맞는 종이라야 함께
새로운 지의류로 자랄 수 있어. 운이 좋아야
가능한 일이지. 그래서 지의류는
곰팡이와 조류로 이루어진 덩어리째로
퍼지는 걸 더 좋아해.

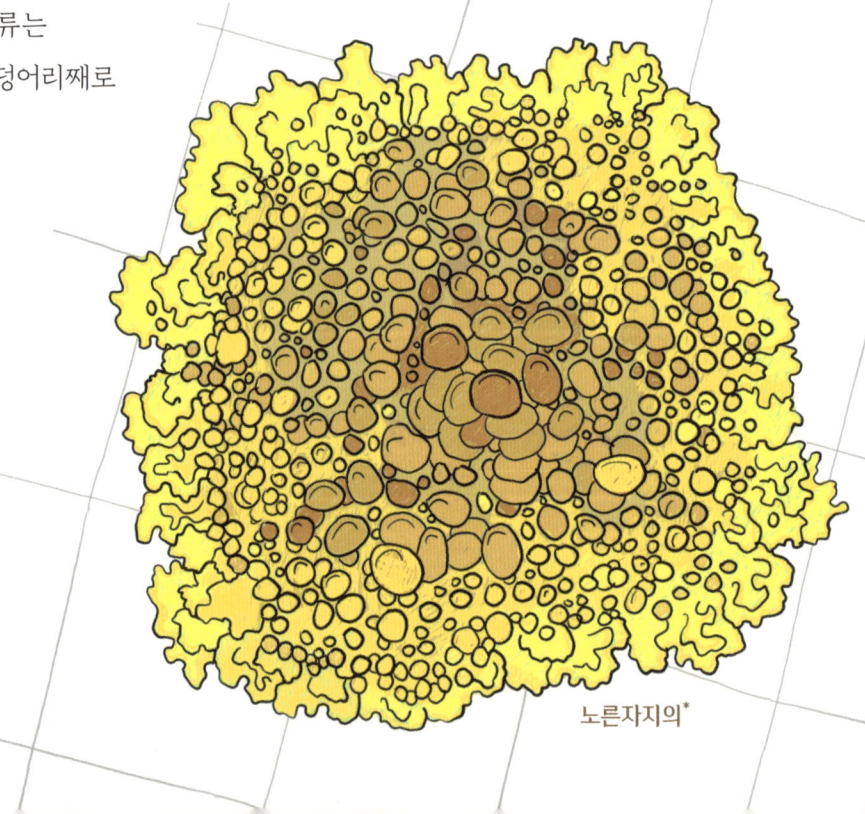

노른자지의*

납작한 껍데기처럼 보이는
지의류만 있는 건 아니야.

수염지의*

깔대기지의

집단생활

최근까지도 곰팡이 한 종과 조류 한 종이 결합하여 지의류를 이루는 줄 알았는데, 그게 아니었어. 실제로는 곰팡이 여러 종이 함께 살고 있었지. 거기다가 온갖 박테리아도 지의류에 살고 있었어. 마치 지의류에 기생하는 것 같은 곰팡이도 발견되었지. 그런 곰팡이가 어떤 역할을 하는지는 아직 잘 몰라. 아마 지의류를 자기를 보호하는 집으로 여기는 거 같아.

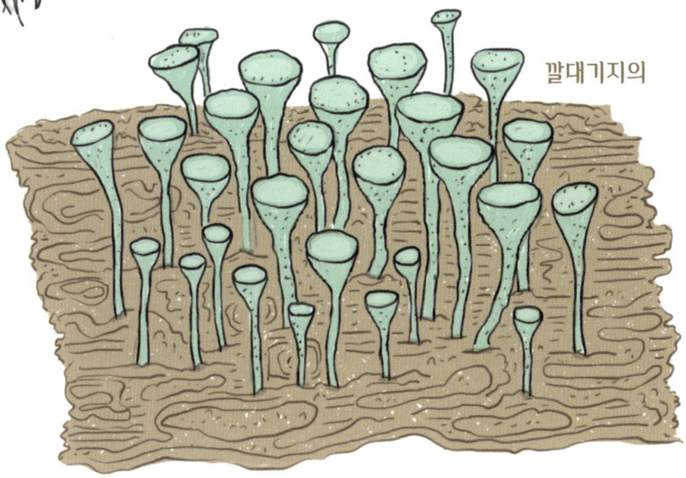

사슴지의

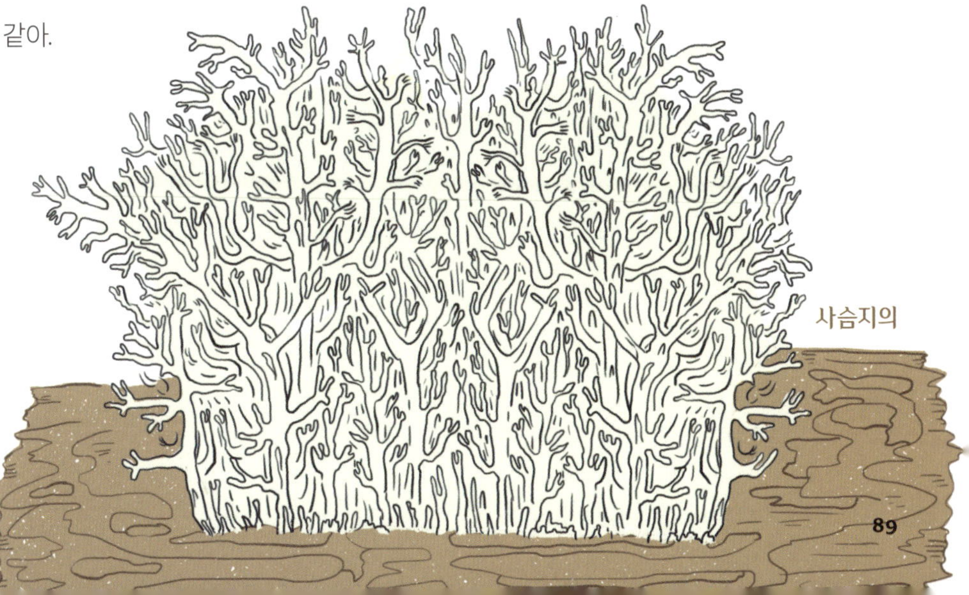

이름: **붉은요정컵지의*** | 학명: **클라도니아 코키페라**(*Cladonia coccifera*)

어때, 요정이 쓰는 컵이랑 비슷해 보이지? 곰팡이와 조류가 결합한 지의류야. 건조한 모래에서도 생존할 수 있어. 빨간 싹처럼 생긴 곳에서 포자를 만들어.

동물과 함께 사는 곰팡이

남아메리카 열대우림에 가면 동물을 보게 될 거야. 혹시 재규어를 기대했니? 드물고 잘 숨어서 보기 쉽지 않아. 마코앵무, 큰부리새, 벌새를 발견할 순 있겠지만, 그런 새들은 보통 높은 곳에 있지.
아마 정글에서 처음 만나게 될 동물은 개미일 거야. 그중에 초록색 조각을 물고서 걷는 개미들이 있을 거야. 초록색 조각은 개미들이 턱으로 둥그렇게 잘라 낸 잎이야. 이 개미들의 이름은 가위개미야.

나뭇잎 죽

가위개미들은 줄지어 나무 위로 올라가서 나뭇잎을 잘라서는 수백만 마리가 함께 사는 집으로 가져가. 집에는 곰팡이가 함께 살아. 뭐, 가위개미가 곰팡이를 기른다고 해도 괜찮아. 집에 가위개미들이 땅을 파서 만든 방이 열 개쯤 있는데, 방 하나가 축구공만큼 커. 거기에서 곰팡이가 나뭇잎을 기다리지.
가위개미는 나뭇잎을 소화하지 못하지만, 함께 사는 곰팡이는 할 수 있어. 가위개미가 곰팡이 친구들을 위해서 특별히 지은 따뜻하고 축축한 방에서는 소화가 더 잘되지. 가위개미가 턱으로 좀 씹어 주면 더더욱 잘되고. 곰팡이는 나뭇잎을 걸쭉한 죽처럼 만들어서 먹고 잘 자라. 그러고는 균사 끝부분에서 동그랗고 하얀 방울을 만들어.
당분과 단백질로 이루어진 방울은 가위개미들이 먹기에 알맞은 먹이지. 가위개미들은 방울을 자신들도 먹고 땅속 유치원에서 자라는 애벌레한테도 먹여. 곰팡이가 살 방을 짓고, 나뭇잎을 잘라서 집까지 운반하고, 잘 소화하라고 씹어서 주는 건 고된 일이야. 그렇지만 할 만한 가치가 있지. 가위개미는 곰팡이를 먹이고 그 대가를 받는 방법으로 열대우림에서 가장 번성하는 동물이 되었으니까.

곰팡이

나무 푸딩

흰개미는 생김새가 개미와 비슷하지만, 둘이 친척은 아니야. 개미와 달리 흰개미는 따뜻한 지역에서만 살아. 하지만 개미와 비슷하게 집을 짓고 수천 마리가 함께 모여 살아.

아프리카에 사는 흰개미가 지은 집은 특히 인상적이야. 어떤 건 높이가 8미터나 돼. 안을 들여다보면 더 놀라워. 높다란 탑은 흰개미 집이기도 하고, 버섯 농장이기도 하거든. 흰개미는 집 안에 버섯을 키울 공간을 따로 마련해 놓고, 나무를 비롯한 질긴 식물 조직을 미리 씹어서 버섯 먹이로 줘. 자기들이 눈 똥도 주지. 버섯은 먹이를 먹고 흰개미가 먹을 수 있는 물질을 내놔.

흰개미 집은 온도 조절과 환기 시스템이 완벽하게 갖추어져 있어. 지하수가 흐르는 곳까지 닿는 지하실, 이중벽과 환기 파이프로 집 내부가 뜨거워지지 않도록 조절해.

흰개미 집 내부 모습

환기 파이프

버섯 농장

육아실

왕의 방

냉각 기능을 하는 지하실

이름: **아교뿔버섯** | 학명: **칼로케라 비스코사** (Calocera viscosa)

크진 않지만 눈에 띄는 버섯이야. 소나무나 가문비나무 같은 침엽수 숲 바닥에서 필 때면, 작은 불꽃이 이는 것처럼 보여. 어떻게 보면 바닷속 산호를 닮았어.

동물의 위에 사는 곰팡이

소, 양, 누, 들소는 모두 풀을 뜯어 먹고 살아. 하지만 풀은 매우 질겨. 풀 세포의 세포벽은 셀룰로스로 이루어져 있고, 셀룰로스는 웬만한 동물의 위에서는 소화되지 않지. 셀룰로스를 잘 소화하는 단세포 곰팡이가 있어. 풀을 뜯는 동물들이 이 곰팡이를 이용하지. 풀을 뜯는 동물은 위가 여러 개 있는데, 그중에서 첫 번째 위가 특히 커. 그곳에 곰팡이가 살아.

첫 번째 위는 소화액이 나오는 곳이 아니라 따뜻한 목욕탕 같은 곳이야. 곰팡이한테는 천국 같은 곳이지. 이곳에서 곰팡이가 박테리아와 함께 풀 세포의 세포벽을 먹어. 그러면 풀이 반쯤 소화되어 걸쭉한 죽처럼 변하지. 동물은 이 죽을 나머지 3개의 위와 창자를 통과시키면서 거기에 들어 있는 영양분을 흡수해. 그러는 동안 죽에 섞여 있던 곰팡이는 살아남지 못해. 그래도 잘 먹고 이미 자기 자손을 충분히 남겨 놓았으니까 꽤 괜찮은 삶을 산 셈이지.

풀을 뜯는 동물의 위에 사는 건 대부분 병꼴균문(51쪽을 봐.) 곰팡이야.

딱정벌레 애벌레와 곰팡이

나무 속에 알을 낳는 딱정벌레의 위와 창자에도 단세포 곰팡이가 살아. 그래서 나무를 소화할 수 있지. 그런데 딱정벌레들은 어른이 되면 잘 먹지 않아. 하지만 애벌레 때는 엄청 많이 먹지. 먹기 위해서 특별히 할 일은 없어. 먹이인 나무 속에 살고 있으니까 아작아작 씹으면서 굴을 파면 돼. 배 속에 나무를 분해하는 곰팡이가 사니까 소화도 걱정할 게 없지.

그런데 애벌레 배 속에 어떻게 곰팡이가 들어갈까? 어미 딱정벌레는 나무 속에 알을 낳고 곰팡이로 덮어. 알에서 깬 애벌레는 가장 먼저 알 껍질을 먹어. 그때 곰팡이가 애벌레 몸속으로 들어가지.

어떤 딱정벌레는 알 주변 나무에 곰팡이를 심어. 그러면 곰팡이가 나무를 먹으며 성장하지. 알에서 애벌레가 나올 때쯤이면, 곰팡이 덕분에 주변 나무가 애벌레가 먹기 좋은 상태로 변해. 곰팡이가 건강한 애벌레 이유식을 만들어 주는 거야.

식물과 동물은 늘 곰팡이와 함께 살아왔어. 지의류는 곰팡이와 식물이 아예 한 몸을 이루어 살아. 사람도 때로는 곰팡이 때문에 손해를 보기도 하고, 때로는 이득을 보기도 해. 다음 장을 읽으면, 곰팡이가 우리한테 참 고마운 존재라는 걸 알게 될 거야.

6 곰팡이와 사람

사람들은 곰팡이에 별로 관심이 없어. 곰팡이는 늘 우리 곁에 있는데 말이야. 우리 물건과 몸을 망가뜨리기도 해. 눈치를 못 챌 때도 있지만, 도저히 무시할 수 없는 일이 생기기도 해. 솔직히 말해서, 곰팡이 중에는 말썽꾸러기도 있고 나쁜 놈도 있어. 반대로 쓸모가 많은 곰팡이도 있지. 곰팡이에 무관심한 사람들도 버섯은 흥미롭게 여겨. 그렇지만 버섯을 다룰 때는 늘 조심해야 해.

질병과 중독을 일으키는 곰팡이

곰팡이는 뭐든지 좋아해. 샌드위치, 나무토막, 책, 그리고 사람의 살. 때로는 우리를 아프게 해. 우리 몸을 야금야금 먹는 것뿐만 아니라 그렇게 먹고 배출하는 물질도 우리에게 피해를 줘. 곰팡이 독소도 해롭지. 곰팡이 중에서 사람을 아프게 할 수 있는 건 약 400종이야.

다행히 곰팡이는 우리 몸 깊숙이 침투하지는 못해. 우리 체온이 곰팡이한테는 너무 뜨겁거든. 게다가 건강한 신체는 밖에서 침투한 거의 모든 것으로부터 자신을 방어할 수 있어. 곰팡이도 이걸 잘 알아서 몸속이 아니라 몸 바깥에 머무르는 걸 더 좋아하지.

사람이 만든 알약, 물약, 연고는 문제를 일으키는 박테리아를 잘 죽여. 곰팡이는 이런 약으로 죽이기가 훨씬 힘들지. 그래서 심각한 질병을 일으키는 곰팡이가 나타나면, 치료하기가 매우 어려워.

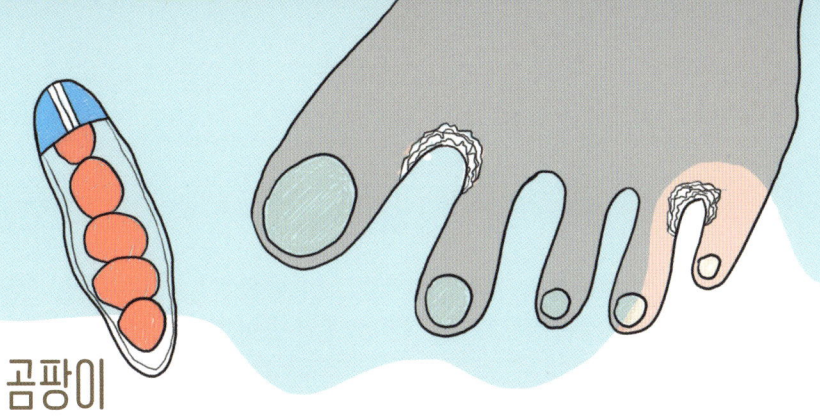

피부와 손발톱에서 자라는 곰팡이

곰팡이는 대부분 우리 몸 바깥에서만 자라. 몸 깊이 침투하지는 못하지. 곰팡이는 손발톱이나 굳은살을 좋아해. 그런 곳에는 피가 흐르지 않기 때문이야. 피에 우글우글한 방어 세포가 외부 침입자를 보자마자 공격하니까 손발톱과 굳은살이 곰팡이한테는 훨씬 안전하지. 손발톱이나 굳은살을 먹는 곰팡이가 드물긴 하지만 있기는 있어. 자연에서 죽은 동물의 털과 발굽을 청소하는 곰팡이들과 가까운 친척이지.

피부사상균이라는 곰팡이는 사람 발가락 사이를 좋아해. 곰팡이가 발가락 사이에서 자라면, 처음에는 좀 가렵다가 피부가 갈라지면서 아파. 이런 증상이 생겼다면, **무좀**에 걸린 거야.

무좀은 발에서 발로 전염돼. 스포츠 센터나 수영장의 샤워실 바닥이 주요한 전염 경로지. 항진균제 연고로 무좀을 치료할 수 있어.

곰팡이한테는 슬픈 일이지만, 그냥 둘 순 없잖아? 무좀은 발톱에도 생겨. 가장 큰 엄지발톱에 잘 생기지. 발톱 무좀은 치료하기 힘들어. 누렇고 푸석푸석한 발톱이 보기 싫긴 해도 큰 문제는 아니야. 곰팡이가 어린이 발톱에서는 잘 안 자라니까 벌써 걱정할 필요는 없어.

피부는 곰팡이 서식지

사람 피부 한 조각에 단세포 곰팡이인 효모가 수천 마리나 살아. 이 효모는 피해를 주진 않고, 피부 찌꺼기, 기름, 박테리아를 먹고 살아.

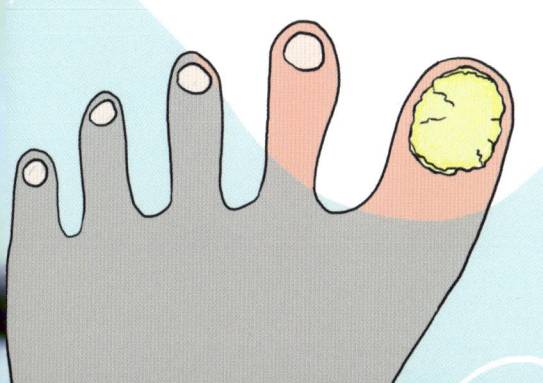

무자비한 살인자

버섯 중에는 무시무시한 독버섯이 있어. 어떤 버섯은 폐에 치명적인 피해를 줘. 해마다 세계 곳곳에서 사람들이 독버섯 때문에 목숨을 잃어. 그러니까 독버섯을 먹지 않도록 정말 조심해야 해. 그렇지만 독버섯보다 더 위험한 건 자전거를 타면서 스마트폰을 보는 거야. 이 책을 보는 어린이라면 절대 그러지는 않겠지만 말이야.

무시무시한 독버섯
1 마귀광대버섯
2 알광대버섯
3 점박이어리알버섯
4 마귀그물버섯*
5 광대버섯
6 삿갓외대버섯
7 턱받이광대버섯
8 마귀곰보버섯

독버섯 구별법은 없어

독버섯이 사람을 공격하진 않지만, 잘 모르고 먹었다간 심각한 결과를 낳을 수 있어. 머리가 지끈거리고 배가 아프다가 나을 수도 있지만, 목숨을 빼앗길 수도 있지. 인터넷 검색을 하면 독버섯 구별하는 방법이 나오는데, 절대로 믿으면 안 돼. 전문가들도 구별하기 어렵거든. 혹시 숲에서 버섯을 발견하더라도 절대로 입에 넣지 마.

독이 든 빵

사람들이 우연히 곰팡이 독소를 먹는 일도 있어. 곰팡이가 사람이 먹는 식물에서도 자라기 때문이지. 과거에는 맥각균이라는 곰팡이 때문에 사람들이 목숨을 잃었어. 맥각균은 곡물의 이삭에서 살아. 식물이 밭에서 자랄 때부터 함께 성장하지. 호밀 이삭을 좋아하는데, 성장하면서 우리 몸에 나쁜 물질을 생산해. 그 물질이 신경독소인데, 조금 먹으면 몸이 몹시 가렵고, 조금 더 먹으면 정신이상이 생긴 것처럼 행동하고, 많이 먹으면 팔과 다리의 혈관이 망가져서 팔다리를 잃게 돼. 최악의 경우엔 목숨을 잃을 수도 있지.

중세 유럽 사람들은 호밀빵을 많이 먹었어. 그만큼 맥각균 독소 때문에 죽은 사람들이 많았지. 하지만 병의 원인이 뭔지 몰랐어. 다행히, 1676년에 맥각균이 원인이라는 게 밝혀졌지. 그 뒤부터 농사를 지을 때는 물론이고, 밀가루와 빵을 만들 때도 독소가 섞이지 않도록 조심했어. 그래도 가끔은 일이 잘못되기도 하잖아? 1951년에도 프랑스인 일곱 명이 맥각균 독소에 중독되어 사망했어. 유럽에서는 그게 마지막이었지. 요즘에는 이런 사고가 생기지 않으니까 호밀빵을 맘껏 먹어도 돼.

맥각균에 감염된 호밀 이삭

이름: 붉은바구니버섯 | 학명: 클라트루스 루베르(*Clathrus ruber*)

크기는 테니스공과 비슷하고, 색깔은 빨갛거나 분홍빛이야. 우리나라에는 드물고 주로 따뜻한 지역에서 살아. 똥에 구멍이 숭숭 뚫린 거 같기도 해. 볼 기회가 생기면 냄새를 맡아 봐.

병도 주고 약도 주고

식물을 병들게 하는 곰팡이는 농부들에게는 진짜 골칫거리야. 보통은 한 밭에 한 농작물만 심는데, 곰팡이가 한 식물을 공격하면, 곧 밭 전체가 병에 걸려. 과거에는 밭이 곰팡이에 감염되어도 농부들이 아무것도 할 수 없었어.

아일랜드 농부들도 마찬가지였지. 1845년에서 1850년 사이에 감자역병균이 아일랜드 감자밭을 휩쓸었어. 감자역병균은 진짜 곰팡이가 아니라 물곰팡이이긴 하지만, 심각한 피해를 낳았어. 아일랜드의 감자 수확량이 90퍼센트나 줄었거든. 감자는 아일랜드 사람들한테 가장 중요한 식량이었어. 그래서 수많은 사람이 굶주릴 수밖에 없었지. 100만 명 이상이 죽었고, 그보다 더 많은 사람이 아일랜드를 떠났어. 미국으로 간 사람이 가장 많았고, 그 후손들은 여전히 미국에 살아.

지금은 아일랜드에서도 감자를 충분하게 수확하지만, 이 이야기를 모르는 사람이 없지.

아일랜드 이민자

감자역병균이 아니었으면, 월트 디즈니, 케네디와 바이든 대통령은 미국인이 아니라 아일랜드인으로 살았을 거야.

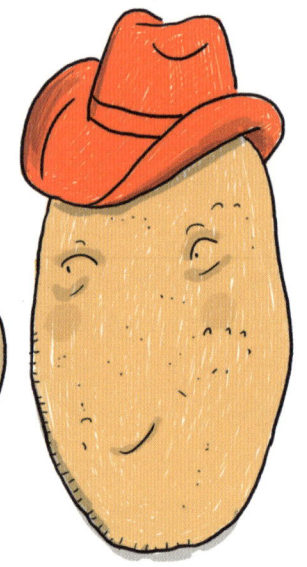

요즘에도 농작물을 병들게 하는 곰팡이가 있어. 농부들은 곰팡이를 죽이는 농약을 밭에 뿌려. 하지만 시간이 지나면서 곰팡이도 농약에 적응해. 그러면 또 새로운 농약을 개발해야 하지. 과거보다 피해는 줄었지만, 농약을 뿌리느라 돈을 많이 쓰게 되었지. 게다가 곰팡이 농약은 땅에도 좋지 않아.

식량을 망치는 곰팡이

수확이 끝났다고 안심하면 안 돼. 수확한 식량도 곰팡이가 망칠 수 있기 때문이지. 식량을 제대로 보관하지 않으면, 사람보다 곰팡이가 더 많이 먹게 돼. 곰팡이는 식량을 먹고는 똥을 싸서 나머지까지 먹지 못하게 만들어. 전 세계 농부들이 수확한 식량 가운데 약 10퍼센트가 곰팡이 때문에 못 먹게 돼. 달리 말하면 곰팡이가 8억 명이 먹을 식량을 망치는 거지. 다행히 음식에 들어간 곰팡이 독소는 꼼꼼하게 감시하고 있어. 그러니까 땅콩버터를 먹을 때마다 중독 걱정을 할 필요는 없어.

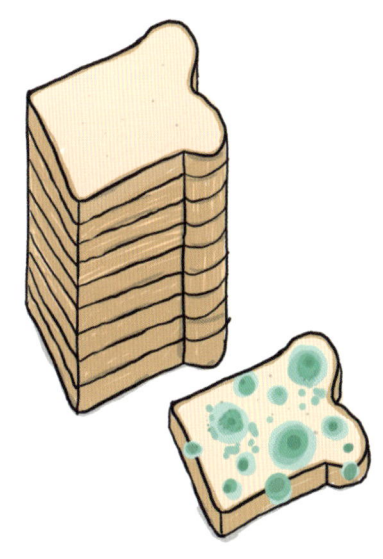

악명 높은 세 악당 곰팡이

첫 번째 악당의 학명은 마그나포르테 그리세아. 쌀을 망치는 악당. 6,000만 명이 먹을 쌀을 먹어 치운다.

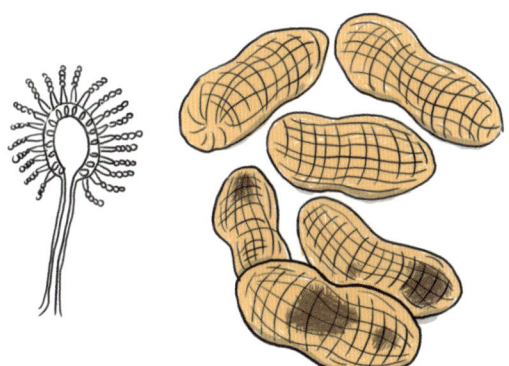

두 번째 악당은 노란아스페곰팡이. 땅콩을 먹고 독을 뿜는 악당. 소금을 뿌린 땅콩은 거들떠보지 않고, 창고에 보관한 신선한 땅콩만 노린다. 맛있는 땅콩을 먹고는 아플라톡신이라는 발암물질을 배출한다.

마지막 악당은 감귤녹색곰팡이. 해마다 수백만 톤에 이르는 오렌지와 레몬을 푸르뎅뎅한 공으로 바꾼다. 아름답긴 하지만 먹을 수는 없다.

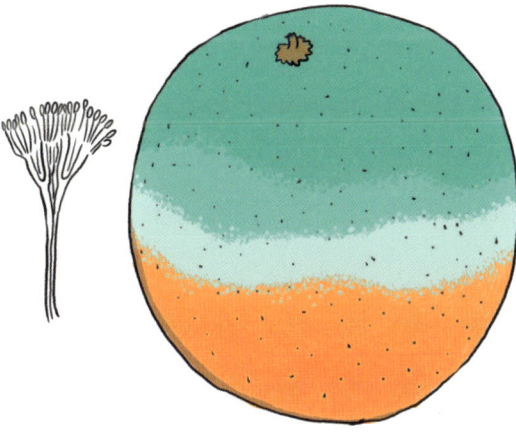

나무를 쓰러뜨리는 곰팡이

곰팡이는 대부분 나무와 평화롭게 지내지만 거대한 나무를 쓰러뜨리는 곰팡이도 있어. 나무가 물과 영양분을 수송하는 물관과 체관에 곰팡이가 침투해서 자라면 그런 일이 생겨. 보통은 곰팡이가 침투하면 나무가 싸워서 이기지만, 가끔 지기도 하지. 특히 지구의 다른 지역에서 온 곰팡이가 침투하면, 나무가 어떻게 처리할지 모르게 되지. 100년 전쯤에 벨기에와 프랑스의 느릅나무가 시름시름 앓은 적이 있어. 원인은 동아시아에서 건너온 곰팡이였어. 어떻게 유럽까지 왔는지는 아무도 모르지만, 이 곰팡이는 용케 새로운 동네에서 살아남았어. 그 대신에 지난 세기 동안 느릅나무 수백수천 그루가 죽었지. 병에 걸린 느릅나무는 즉시 베어 내야 해. 그러지 않으면 금세 다른 나무까지 병들기 때문이지. 1995년에는 물푸레나무에도 비슷한 일이 생겼어. 물푸레나무잎마름병을 일으키는 곰팡이가 아시아에서 유럽으로 건너왔지. 그때부터 물푸레나무가 가지부터 죽는 병이 유행했고(64쪽을 봐.) 아직도 해결 방법을 찾지 못했어.

기둥, 책, 그리고 화장실

곰팡이가 집에 심각한 피해를 줄 수 있어. 녹슨버짐버섯은 튼튼한 나무 기둥과 마루를 분해해서 몇 년 만에 부스러뜨려. 제이차세계대전 동안 런던에서 이 곰팡이 때문에 파괴된 집이 폭격으로 파괴된 집보다 많다는 말이 있을 정도야. 폭격으로 집에 불이 나서 물을 뿌렸는데, 그 바람에 이 곰팡이가 퍼져서 이웃집까지 붕괴시킨 거지. 요즘 집은 건조해서 녹슨버짐버섯이 자랄 기회가 별로 없어. 그래도 가끔 집이 공격당하는데, 그때는 마루를 새로 깔 수밖에 없어.

독검댕곰팡이는 거의 모든 집에 살아. 세포 하나로 이루어진 보잘것없는 곰팡이인데, 습기가 많은 곳에서는 아주 빨리 번식해. 하나가 순식간에 수천으로 늘어나서 검은 페인트를 뿌린 것 같은 모습이 돼.

이 곰팡이는 퀴퀴한 구석에서 특히 잘 자라. 그래서 화장실에서 쉽게 번식하지. 세탁기와 냉장고 문의 고무에서도 살아. 보통 사람들한테는 그저 보기 흉한 존재이지만 천식 환자들은 이 곰팡이 세포가 섞인 공기를 마시면 숨차서 힘들어.

이 곰팡이는 물건을 망치기도 해. 젖은 옷을 며칠 방치하면 곰팡이 얼룩이 생겨. 한번 생긴 얼룩은 지워지지 않고 퀴퀴한 냄새도 없애기 어려워. 책을 어둡고 축축한 곳에 보관하는 건 이 곰팡이한테 먹이를 주는 셈이야. 얼룩과 냄새 때문에 읽지 못하게 될 거야.

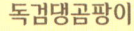

독검댕곰팡이

모두가 아픈 건물

건물에 사는 사람들이 모두 불편함을 느끼는 경우가 있어. 진짜로 아픈 건 아니지만 무언가 불편하다고 호소하는 거지. 가끔 독검댕곰팡이가 범인으로 밝혀질 때가 있어. 특히 환기장치에 곰팡이가 번식하면 이런 일이 잘 생기지.

녹슨버짐버섯

나무 가치를 높이는 곰팡이

이상하게 들리겠지만, 곰팡이가 목재 가치를 높이기도 해

- 참나무에서 자라는 소혀버섯은 나무 속으로 균사를 뻗어. 그러면 나무가 붉은색으로 변하지. 그 모양이 불꽃과 비슷한데, 상상력이 풍부한 사람들은 '사자 갈기' 같다고 생각해. '사자 갈기'가 들어간 참나무로 만든 옷장은 평범한 참나무로 만든 것보다 훨씬 비싸.

- 동남아시아에서 자라는 침향나무는 매우 비싸. 정확히 말하면, 나무가 아니라 나무에서 흘러나오는 나뭇진이 비싼 거지. 색깔이 어둡고 끈끈한 나뭇진에서 무엇과도 비교할 수 없는 좋은 향기가 나. 이미 2,000년 전부터 이 나뭇진으로 향을 만들었고, 나중에는 향수를 만들었어. 그렇게 만든 향과 향수는 엄청나게 비싸. 침향나무 껍질에 상처가 나고, 거기에 특별한 곰팡이가 침투해서 자라야만 향이 좋은 나뭇진이 나와. 나무와 곰팡이가 공동 작업으로 천상의 향기를 생산하는 거지.

- 네가 "스트라디바리우스!" 하고 외치기만 해도 바이올리니스트들이 눈을 반짝일 거야. 이탈리아 사람 안토니오 스트라디바리가 300년 전쯤에 만든 바이올린은 여전히 환상적인 소리를 내. 음악계에 몸담은 사람이라면 누구나 환상적인 소리의 원인이 무엇인지 궁금해했지. 2008년에 스위스인 교수가 비밀을 밝혀냈어. 스트라디바리우스 바이올린의 앞면은 가문비나무, 뒷면은 단풍나무야. 특별한 건 앞면 나무에는 그물버섯 곰팡이, 뒷면 나무에는 긴발콩꼬투리버섯 곰팡이가 들어 있단 거지. 두 곰팡이가 자라면서 현의 소리를 훨씬 잘 증폭하도록 나무를 변화시킨 거였어.

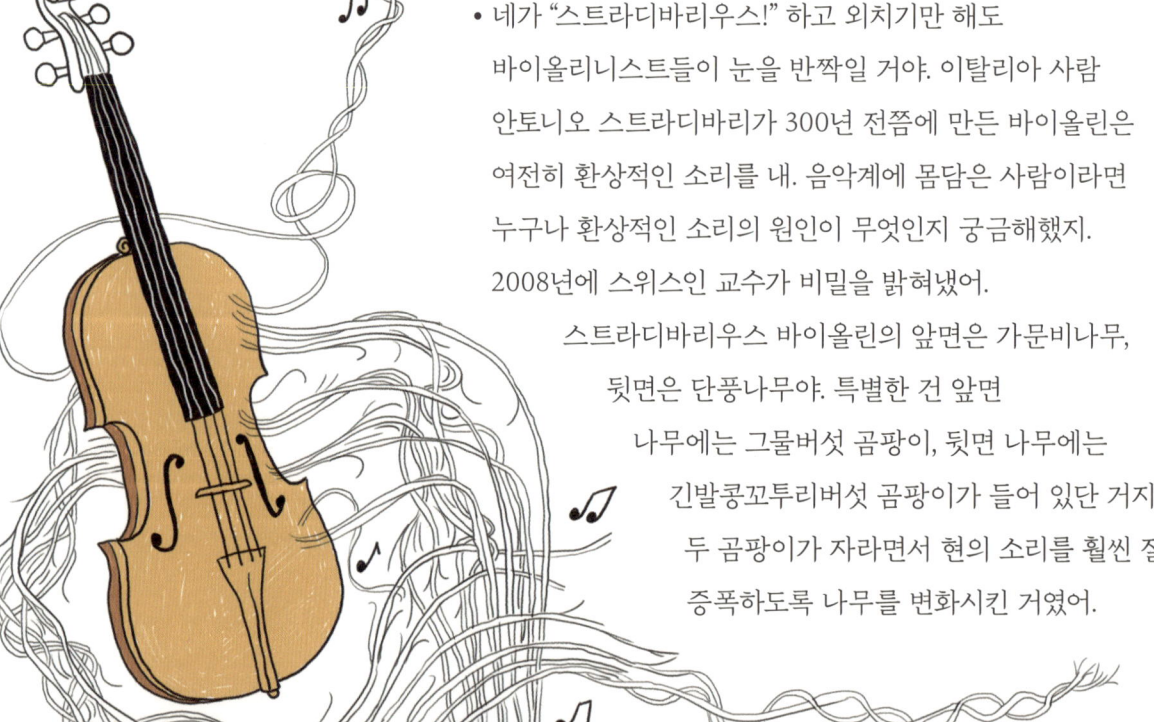

이름: **그물버섯** | 학명: **볼레투스 에둘리스**(Boletus edulis)

그물버섯은 관공상 버섯이야. 갓 아래에 구멍이 뽕뽕 뚫려 있단 뜻이지. 다람쥐가 이 버섯을 좋아해. 이탈리아와 프랑스 미식가들도 다람쥐만큼 탐내는 버섯이야.

식탁에 오르는 버섯

사람들은 선사시대부터 버섯을 먹었어. 프라이팬에 마늘과 함께 구운 건 아니고, 날로 먹거나 석탄에 구워서 먹었지. 고대 그리스인도 버섯을 좋아했어. 버섯을 신이 내린 빵이라고 부를 정도였지. 로마 황제 카이사르가 가장 좋아한 음식은 달걀광대버섯이야. 이 버섯의 학명 '아마니타 카이사레아'에 그의 이름이 들어가 있지.

달걀광대버섯*
아마니타 카이사레아

그물버섯

버섯을 따는 사람들

오늘날에도 전 세계 여러 나라에서 사람들이 야생 버섯을 채집해서 먹어. 그들끼리 서로 교환하는 주요 정보는 먹어도 되는 버섯과 절대로 먹어서는 안 되는 버섯을 구별하는 방법이야. 유럽의 일부 나라에서는 채집한 버섯이 의심스러울 땐 약국으로 가져가서 확인을 받아. 그런 나라의 약사는 모두 버섯 전문가야. 약사 교육 과정에서 버섯을 구분하는 훈련을 받거든.

꾀꼬리버섯

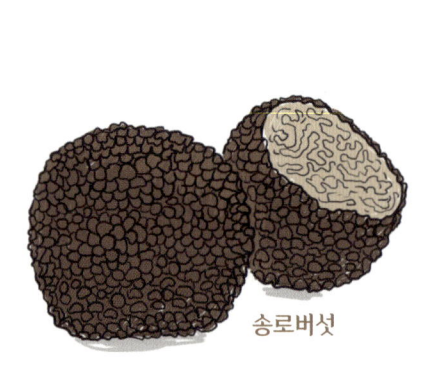
송로버섯

송로버섯 사냥꾼

송로버섯은 맛이 아주 좋고, 그만큼 매우 비싸. 땅속에서 자라는 송로버섯을 찾는 건 힘들어. 송로버섯 사냥꾼은 잘 훈련된 개나 돼지를 이용해. 이탈리아에서는 송로버섯 사냥꾼이 돈을 많이 버는 전문직이야. 가장 싼 송로버섯도 1킬로그램에 약 58만 원이야. 가장 비싼 건 1킬로그램에 수천만 원이 넘어.

버섯 농장

땅속에서 자라는 송로버섯이나 나무 근처 땅에서 솟는 그물버섯은 농장에서 키우기 어려워. 죽은 나무에서 피는 버섯은 농장에서 키울 수 있어. 짚이나 말똥에서 자라는 버섯도 키울 수 있지. 말똥에서도 버섯이 잘 자라.
프랑스에서는 400년 전부터 양송이버섯을 재배했어. 특히 프랑스 수도인 파리는 양송이버섯을 재배하기 좋은 곳이었어. 옛날에는 말 수천 마리가 시내를 돌아다니며 똥을 누었고, 가까운 지역과 파리 지하에 동굴이 많았거든.
파리에 성당과 궁전을 짓느라 많은 돌을 캐면서 동굴이 생겼지. 동굴은 양송이버섯을 재배하기에 알맞은 장소였어. 지금도 전 세계에서 가장 많이 기르는 버섯이 바로 양송이버섯이야.
느타리버섯과 표고버섯은 나무에서 길러. 2,000년 전에 중국에서 표고버섯을 기르기 시작했어. 중국 사람 왕정이 1313년에 쓴 《농서》에 표고버섯을 기르는 방법이 자세하게 나와.

느타리버섯

표고버섯

양송이버섯

맛있는 균사

사람들은 버섯뿐만 아니라 균사도 키워서 먹어. 예를 들어, 삶은 콩에서 균사를 키워서 함께 먹지. 템페라는 음식이 그렇게 만든 거야. 얇게 썬 템페를 콩기름에 튀긴 다음, 간장에 찍어 먹으면 맛있어. 곰팡이를 먹는다고 하면, 가장 먼저 떠오르는 게 치즈야. 보관을 잘못해서 곰팡이가 핀 치즈가 아니라 일부러 곰팡이로 숙성한 치즈를 말하는 거야. 치즈 만드는 사람들은 숙성이 안 된 치즈에 푸른곰팡이를 넣어. 그러면 곰팡이가 치즈를 맛있게 변화시키지. 치즈 종류에 따라서 곰팡이도 정확한 종을 넣어야 치즈가 제대로 숙성돼. 프랑스에서 이런 방식으로 만든 치즈로 카망베르 치즈와 브리 치즈가 유명해. 둘 다 겉은 하얀 곰팡이로 덮여 있고 안쪽에 부드러운 치즈가 있지. 로크포르 치즈 같은 블루치즈는 냄새가 강하고 푸른빛이 돌아. 푸른빛은 곰팡이 포자의 색깔이야. 치즈의 맛을 내는 것, 그게 곰팡이의 임무야.

페니실리움 로퀘포르티

페니실리움 카멤베르티

치즈 만드는 곰팡이 형제
'페니실리움 로퀘포르티'와 '페니실리움 카멤베르티'는 형제 곰팡이야. 어디서 학명을 따온 건지 알겠니? 힌트. 하나는 로크포르 치즈에서 따온 거야.

간장을 만드는 곰팡이

맛있는 간장을 만드는 요리사도 곰팡이야. 그 이름은 아스페르길루스 소야이, 콩을 좋아하는 곰팡이지. 삶은 콩을 네모나 동그라미 모양으로 뭉쳐서 놓아두면, 이 곰팡이가 잔뜩 자라서 메주가 돼. 메주를 소금물에 몇 달 담가 놓으면 간장이 되지. 곰팡이와 소금이 콩에 들어 있는 맛있는 성분을 몽땅 뽑아내서 간장이 맛있는 거야. 그렇게 뽑아낸 맛 중에서 가장 중요한 게 감칠맛이야.

아스페르길루스 소야이

빵도 부풀리고, 술도 만들고

빵을 구워 봤으면 반죽에 이스트를 넣었을 거야. 이스트가 바로 효모야. 반죽을 따뜻한 곳에 두면 효모들이 잔치를 벌여. 설탕과 밀가루를 먹고 무럭무럭 자라면서 트림도 많이 하지. 효모가 트림하면서 뱉는 이산화탄소가 반죽 속에 생기는 공기 방울이야. 그 덕분에 반죽이 폭신폭신하게 부풀지. 뜨거운 오븐 속에 반죽을 넣고 구워야 빵이 되잖아? 효모도 뜨거운 걸 못 견디는 곰팡이니까 오븐 속에서 죽어 버리지. 앞으로 빵을 먹을 땐 빵을 위해 목숨을 바친 효모를 기억해 줘.

효모는 맥주를 만들 때도 꼭 필요해. 맥주를 따면 올라오는 거품도 효모의 트림이지. 맥주를 만들 때는 보리로 만든 걸쭉한 죽을 효모한테 줘. 그러고는 산소가 거의 없는 통에 넣고 공기가 안 통하게 꼭 막아 놓지. 그러면 효모가 보리에서 나오는 당분을 먹고 오줌을 눠. 아주 특별한 이 오줌의 이름이 알코올이야.

어느 술에나 알코올이 들어 있고, 모두 효모가 만들어. 포도주에 들어 있는 알코올은 효모가 포도 주스를 먹고 만든 거고, 자동차 연료로 쓰이는 바이오 에탄올은 사탕수수를 먹고 만든 거야.

약을 만들고, 공장에서 일하고

곰팡이와 버섯은 약에도 쓰여. 독도 적은 양을 쓰면 약이 되기 때문에 독이 있는 곰팡이와 버섯도 쓰이지.

- 자작나무시루뻔버섯, 들주발버섯, 목이버섯, 말굽버섯, 잎새버섯은 암을 치료하는 데 도움이 돼.
- 누룩곰팡이속 곰팡이에서 추출한 물질은 심장마비를 예방해.
- 두엄먹물버섯과 배불뚝이연기버섯은 먹어도 아무렇지 않아. 하지만 포도주나 다른 술을 한 모금이라도 마시면 갑자기 몸이 안 좋아져. 이 버섯들은 알코올 중독자를 치료하는 데 도움이 될 거야.
- 곰팡이로 만든 약 가운데 가장 유명한 건 페니실린이야. 우리 몸에 들어온 박테리아가 일으키는 질병을 잘 치료하는 항생제야. 페니실린은 푸른곰팡이로 만들어.
- 곰팡이가 일으키는 질병을 치료하는 약도 곰팡이로 만들어.

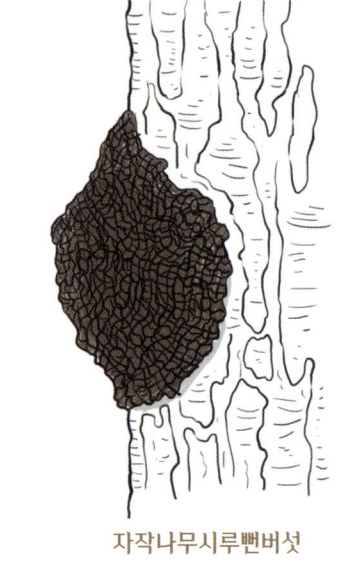
자작나무시루뻔버섯

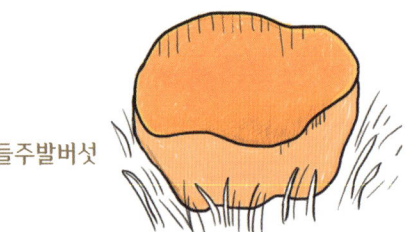
들주발버섯

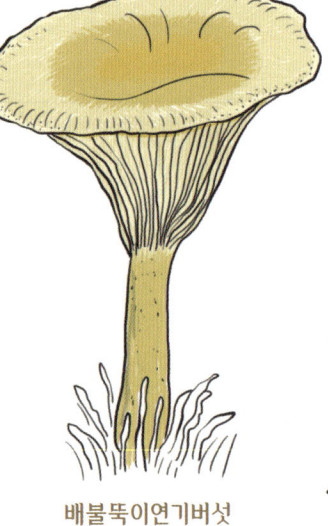
배불뚝이연기버섯

두엄먹물버섯

잎새버섯

목이버섯

엉성한 발견

푸른곰팡이가 박테리아를 죽이는 독소를 생성한다는 사실은 영국 세균학자 알렉산더 플레밍이 1928년에 발견했어. 플레밍은 연구를 위해서 배양접시에 박테리아를 기르고 있었어. 어느 금요일, 플레밍은 이 접시를 배양기에 넣는 걸 잊어버리고 연구실을 떠났어. 다음 주 월요일에 돌아왔더니 배양접시에 푸른곰팡이 덩어리가 자라 있었지. 그런데 곰팡이 주변의 박테리아가 모두 죽어 있지 뭐야. 플레밍은 이 발견이 얼마나 중요한지 알아차렸지. 제이차세계대전 때부터 페니실린은 가장 중요한 약으로 쓰였어. 수백만 명이 페니실린 덕분에 목숨을 건졌어.

푸른곰팡이

푸른곰팡이 포자가 생기는 부분은 붓하고 비슷하게 생겼어. 푸른곰팡이들의 학명에 들어가는 '페니실리움'이라는 낱말은 그 모습을 나타내는 라틴어에서 온 거야. 약 이름 '페니실린'도 마찬가지지.

공장 일꾼 곰팡이

푸른곰팡이의 사촌쯤 되는 누룩곰팡이가 있어. 누룩곰팡이는 남극에서 사하라사막까지, 전 세계에 살아. 많은 일을 처리할 수도 있지. 값싼 먹이를 주고 대량으로 키울 수 있는데, 과학기술을 이용해 이 곰팡이들에게 생산을 맡겨. 식물, 동물, 사람이 적은 양을 만들어 내는 유용한 물질도 곰팡이를 이용하여 대량으로 생산할 수 있어. 예를 들어, 과거에는 레몬이나 오렌지로 만들었던 구연산을 요즘에는 누룩곰팡이를 이용해서 만들어.

효소는 생물이 만드는 물질로, 몸속에서 일어나는 화학반응을 촉진하는 역할을 해. 효소에는 여러 종류가 있는데, 옛날에는 아주 비싸고 얻기도 힘들었어. 지금은 누룩곰팡이의 활약으로 적은 비용으로 대량으로 생산할 수 있지. 효소를 생산해서 어디에 쓰냐고? 치즈, 설탕 시럽, 세제, 약품 등을 만들 때 쓰지. 누룩곰팡이야, 고마워!

누룩곰팡이의 포자를 만드는 자실체는 성수채와 닮았어. 성수채는 성당에서 성수를 뿌릴 때 쓰는 도구야. 성당에 다니지 않는 사람한테는 변기 청소하는 솔과 비슷해 보이겠지? 아무튼 누룩곰팡이속의 학명인 '아스페르길루스'는 성수채의 라틴어인 '아스페르길룸'에서 딴 거야.

기술자 곰팡이

미래에는 곰팡이가 점점 더 많은 물건을 만들게 될 거야. 곰팡이 균사도 실처럼 가는데, 그걸로 옷감을 짤 순 없을까? 이미 한 패션 디자이너가 말린 곰팡이 균사를 이용해 드레스를 만들었어. 소나 양의 피부가 아니라 버섯갓으로 만든 가죽도 있지. 동물들을 괴롭히지 않고 멋진 가죽점퍼를 입을 수 있는 거지. 곰팡이로 만든 천은 유연하고 공기도 잘 통해. 그걸로 만든 양말을 신으면 무좀 때문에 고생할 일은 없을 거야.

죽은 균사는 자연에서 저절로 분해돼. 자연을 망가뜨리는 플라스틱 대신에 곰팡이를 이용할 순 없을까? 곰팡이를 길러서 그걸로 포장재를 만드는 공장이 있어. 플라스틱을 쓰지 않고 스티로폼을 만드는 셈이지. 살아 있는 곰팡이로 관을 만들면 어떨까? 가벼워서 좋고 땅에도 좋겠지. 이미 그런 관을 쓰고 있어.

곰팡이는 나무를 분해해. 다른 생물은 못 하는 일이야. 그렇다면 곰팡이가 플라스틱을 분해하는 더 멋진 일도 해내지 않을까? 여러 후보 곰팡이 가운데 하나가 느타리버섯이야. 훌륭한 일을 끝낸 느타리버섯을 위해 우리가 뭘 해 주면 좋을까? 맛있게 먹는 거지 뭐.

총과 마약

총알, 폭탄, 수류탄과 마찬가지로 곰팡이도 사람을 죽일 수 있어. 푸사리움속 곰팡이 중 일부는 치명적인 독소를 생산해. 여러 전쟁에서 여러 나라가 곰팡이를 무기로 사용했다는 주장이 있지만, 아무도 그 사실을 인정하지는 않아. 미국은 소련이 라오스, 캄보디아, 아프가니스탄에서 곰팡이 독소를 비행기로 뿌렸다고 주장했어. 물론 소련은 인정하지 않았고, 과학자들 사이에서 논쟁이 벌어졌지. 미국도 곰팡이를 무기로 사용하는 연구를 했다는 것도 널리 알려진 이야기야.

환각 버섯

일부 버섯에 들어 있는 물질은 우리 뇌에 이상한 일을 일으켜. 이런 버섯을 환각 버섯이라고 하지. 환각 버섯은 전 세계에서 자라. 우리나라에도 미치광이버섯 같은 환각 버섯이 있어. 일부러 환각 버섯을 재배해서 인터넷을 통해서 판매하기도 해. 절대 사면 안 된다는 건 말하지 않아도 알겠지?

환각 버섯을 먹는 건 안전하지 않아. 환각에 사로잡히면 자기도 모르게 이상한 일을 할 수 있어. 먹은 사람은 물론이고 다른 사람까지 위험하게 만들 수도 있지. 그런 일을 하고 나면 후회가 몰려올 거야. 게다가 환각 버섯을 먹고 목숨을 잃을 수도 있어. 이런 이유로 환각 버섯을 먹는 것, 소유하는 것, 판매하는 것은 거의 모든 나라에서 금지야.

'자유의 모자'라고 불리는 환각 버섯
프실로키베 세밀란케아타

혹시라도 숲에서 환각 버섯을 만나거든 건드리지도 마. 우리나라에서도 환각 버섯을 채취하는 건 금지니까.

고대의 환각 버섯

북아프리카에서 발견된 동굴 벽에는 1만 년 전 그림이 있어.
버섯 전문가들에 따르면 그림에 나오는 버섯은 환각 버섯이야.
중앙아메리카의 마야인들이 세운 석상은 마치 모자를 쓴 남자처럼
생겼어. 요정 같다고? 아니야, 얼굴이 달린 환각 버섯이야.

곰팡이 연구와 보호

곰팡이에 대해서 아직 밝혀낼 게 많아. 곰팡이를 잘 연구하면, 그들로부터 많은 것을 배울 수 있어. 과학자 요한나 베스테르데이크는 네덜란드에서 처음으로 곰팡이를 진지하게 연구했어. 1917년에 네덜란드 여성으로는 처음으로 교수가 되었지. 위트레흐트 대학교에 곰팡이 연구소를 설립하기도 했어.

곰팡이를 연구하는 과학자를 **균학자**라고 해.

상을 선사하는 곰팡이, 빵효모

빵효모를 현미경으로 보면 아주 작은 공처럼 보여. 우연히 둘로 분열하고 있을 때 보면, 공 두 개가 붙어 있는 것처럼 보이지. 과학자들은 빵효모에 관심이 아주 많아. 빵효모 세포가 인간 세포와 비슷하거든. 게다가 아주 빨리 번식해서 흥미로운 실험을 하기에 적합하지. 예를 들어, 새로운 약의 효과를 시험할 때 빵효모를 써. 빵효모는 생물학자, 의학자, 화학자, 제약사 들에게 큰 도움을 줬어. 그러다 보니 가장 많이 연구된 생물이라는 명예를 얻었지. 실제로 상을 타기도 했어. 정확하게 말하면, 빵효모를 연구한 학자들이 탄 거지. 지금까지 여섯 명이 빵효모 연구로 노벨상을 받았어.

새로운 종을 찾아라

곰팡이 학자들이 가장 흥분하는 순간은 새로운 종을 발견했을 때야. 열대우림에서는 새로운 종을 찾기가 그렇게 힘들지 않아. 아직 제대로 조사하지 못했기 때문이지. 물론 다른 지역에서도 새로운 종이 발견돼. 예를 들어, 네덜란드에서는 이전에는 아무도 보지 못했던 새로운 버섯이 해마다 100종씩 발견되지. 곰팡이 학자들은 어떤 버섯을 어디에서 발견했는지 지도에 기록해. 학자들이 새로 발견하는 종은 새로 나타난 게 아니야. 더 많은 학자가 주의를 기울여 찾는 바람에 새로 눈에 띄는 거지. 하지만 어떤 종은 아무리 찾아도 볼 수 없게 되었어. 자연이 망가지고 있기 때문이지. 최근 몇 년 사이에 네덜란드에서만 버섯 171종이 사라졌어. 완전히 사라지진 않았지만, 점점 찾기가 힘든 종은 더 많아.

믿음직한 오염 고발자

환경에 무언가 문제가 생기면 곰팡이가 우리에게 알려 줘. 지의류는 공기 오염을 귀신같이 알아채지. 나무에서 자라는 지의류가 특히 예민해. 나무에서 지의류가 사라지면, 뭔가 잘못된 거야. 50년 전쯤에 과학자들이 공기에 황이 너무 많다고 경고할 수 있었던 것도 지의류 덕분이야. 석유와 석탄을 태우면 황이 공기로 배출돼. 그때는 이 문제를 해결하는 데 성공했어. 하지만 지금은 질소산화물이 큰 골칫거리야. 이게 큰 문제가 아니라고 주장하는 사람들도 있지만, 곰팡이는 거짓말을 하지 않아.

지금까지 본 것처럼, 곰팡이와 사람은 서로 영향을 주고받아. 특히 버섯은 많은 사람의 흥미를 끌지. 다음 장에서 방법을 알려 줄 테니까 버섯과 친해져 봐.

7 내 손으로 해 보는 버섯 연구

넌 이제 곰팡이 왕국에 대해 잘 알아. 곰팡이에 대해 읽고 배우는 것도 재미있지만, 새로 사귄 곰팡이 친구와 함께 무언가를 하는 것도 재미있을 거야. 이 책의 첫 장을 넘기자마자 흥미로웠지? 마지막까지 그럴 거라고 약속할 수 있어. 버섯갓을 자세히 살펴보고 아래쪽도 꼼꼼하게 뜯어볼 거야. 준비됐니? 자, 이제 손을 좀 풀어 주고, 버섯 연구를 시작해 보자.

버섯을 찾아 보자

어디에 언제 가야 버섯을 볼 수 있을까? 지금까지 배운 걸 떠올려 봐. 버섯은 어디에서나 자라. 그리고 사계절 내내 볼 수 있지. 다시 말해서, 어디에 가든 항상 버섯을 볼 수 있단 거지. 버섯을 발견했는데 무슨 종인지 모르겠다고? 그럴 때 질문을 잘하면 도움이 돼.

체크리스트_버섯 종을 알아내는 질문

'내가 발견한 버섯은 어떤 종일까?'

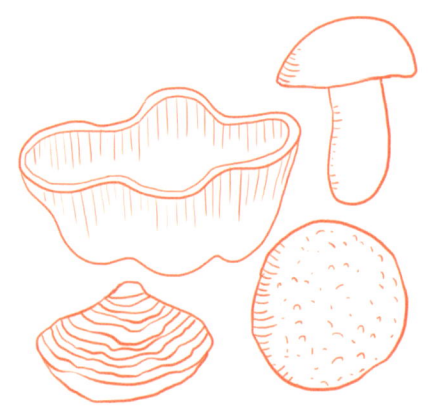

어떻게 생겼어?
- 갓과 대가 있어?
- 공 모양?
- 반원 모양이고 나무에 붙어 있어?
- 셋 다 아니라면, 어떤 모양?

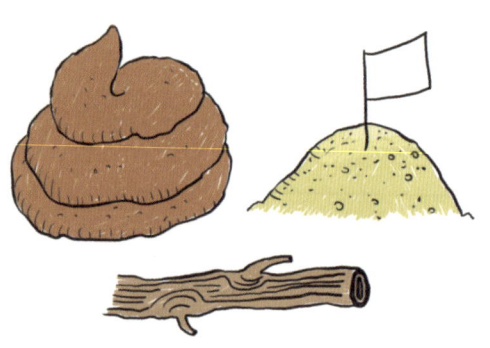

어디에서 발견했어?
- 숲?
- 근처에 나무가 있어?
- 잔디밭?
- 셋 다 아니라면, 어디?

어디에서 자라?
- 땅에서?
- 나무에서?
- 똥에서?
- 셋 다 아니라면, 어디?

버섯갓의 색깔은?
- 갓 위쪽 색깔은?
- 갓 아래쪽 색깔은?
- 갓을 짜면 색깔이 변해?
- 점이나 줄무늬가 있어?
- 갓을 찢으면 즙이 나와? 즙은 무슨 색이야?

버섯갓의 모양은?
- 납작해?
- 볼록해?
- 뾰족해?
- 높고 길어?
- 다 아니라면, 어떤 모양?

갓을 만지면 어떤 느낌이야?
- 건조하거나 미끄러워?
- 부드럽거나 비늘 같은 게 있어?
- 둘 다 아니라면, 어떤 느낌?

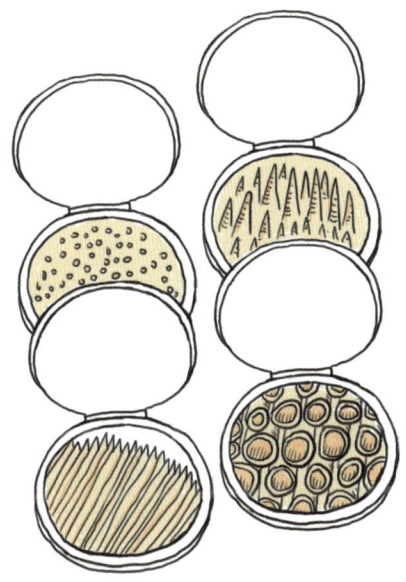

갓 아래쪽은 어떤 모양이야?
- 주름살 모양?
- 튜브처럼 생겼어?
- 작은 구멍이 잔뜩 있어?
- 뾰족한 침처럼 생겼어?
- 갓 아래에 가루가 있어?
  그렇다면 가루의 색깔은?

어떤 냄새가 나?
- 아무 냄새도 안 나?
- ……………처럼 더러운 냄새
- ……………처럼 맛있는 냄새

대는 갓 어디에 붙어 있어?
- 가운데?
- 한쪽으로 치우쳐서?
- 둘 다 아니라면, 어디에?

갓에 붙은 대는 어떻게 생겼어?
- 두꺼워, 아니면 가늘어?
- 대의 두께가 어디나 똑같아?
- 아래쪽에 공 같은 게 붙어 있어?
- 턱받이가 있어?
- 다 아니라면, 어떤 모양?

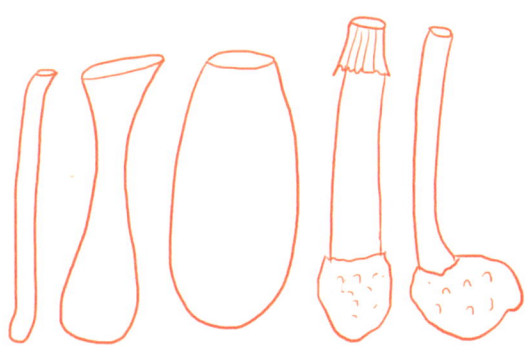

버섯 전문가처럼

경험이 많은 전문가라도 수천 종이나 되는 버섯의 이름을 모두 알지는 못해. 그렇지만 쉽게 구분할 수 있는 버섯이 있어. 그런 버섯이 어떤 종류에 들어가는지 알면, 마치 버섯 전문가라도 되는 것처럼 버섯 이름을 말할 수 있어. 정확한 이름이 아니라 어떤 종류인지 말하는 거지. 이렇게 말이야. "아, 이건 그물버섯류예요." 너무 건방진 것 같으면, 이렇게 말하면 되지. "그물버섯류인데, 정확한 종 이름은 모르겠네요." 종류만 알아도 정확한 종 이름을 알아내기 쉬워. 버섯 도감을 만들 때 같은 종류끼리 묶어서 배치하기 때문이야.

요것만 알아도

이 책을 읽는다고 하룻밤 사이에 전문가가 될 순 없어. 하지만 지금부터 알려 줄 요령을 익히면, 한 걸음 정도는 앞서갈 수 있어. 전문가들이 널 보고 놀랄지도 모르지.

날씬한 모델처럼 생긴 이 버섯은 '광대버섯'이야.

광대버섯처럼 갓에 흰 점도 있고 턱받이도 있는데, 갓 색깔이 빨갛지 않다면, '광대버섯류'야.

갓 아래에서 먹물 같은 액체가 흐르면, '먹물버섯류'야. 먹물버섯류에서 가장 흔한 버섯은 '먹물버섯'이야. 갓이 비늘이 달린 길쭉한 알처럼 생겼어.

대가 두껍고 갓 아래에 작은 빨대가 빼곡하게 박힌 모습이라면, '그물버섯류'야.

대가 길고 가는 데다가 버섯이 아주 작다면, '애주름버섯류'야.

산 나무나 죽은 나무줄기에 발코니처럼 붙어 있다면, '잔나비버섯류'야.

나무에 붙어 있는데 밝고 어두운 줄무늬가 있다면, '송편버섯류'야.

갓을 쪼개면 흰색이나 다른 색 액체가 나온다면, '젖버섯류'야.

색깔이 화려하고 손으로 쥐면 흰색 대가 부서진다면, '무당버섯류'야.

땅 위에 공처럼 생긴 게 있다면, '말불버섯류'야. 오래된 버섯을 눌렀을 때 짜그라진다면, 더 확실해. 만약 노란색에다가 통통 튄다면, 그건 테니스공이지.

짤막한 말뚝처럼 생긴 데다가 고약한 냄새가 난다면, '말뚝버섯류'야.

버섯 세계의 세 거인도 알아 두면 좋아.
• 풀밭에 놓여 있는 공룡알은 '댕구알버섯'

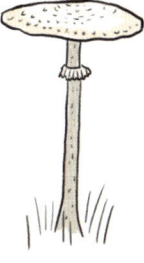

• 잔디밭에 펼쳐 놓은 파라솔은 '큰갓버섯'

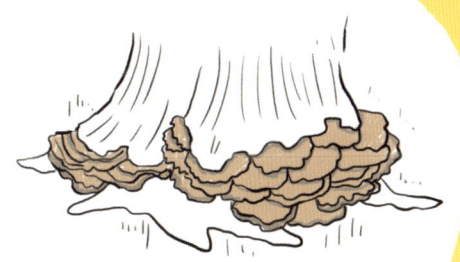

• 나무 밑동에 어지럽게 잔뜩 달라붙은 갈색 버섯 덩어리는 '왕잎새버섯'

버섯 수집과 연구

연구하려고 숲에서 버섯을 따도 괜찮을까? 어려운 질문이야. 상식적으로 생각해 보자. 네가 버섯을 따서 가져가면 다른 사람은 볼 수 없어. 많은 사람이 찾는 곳에 아름다운 버섯이 피어 있다면? 그 버섯이 매우 드문 종류라면? 그럴 때는 사진만 찍고, 버섯은 그대로 두는 게 좋아.

곰팡이한테는 누가 버섯 하나쯤 따 가는 건 심각한 일이 아니야. 그 정도로는 곰팡이 균사체에 큰 문제가 생기지 않지. 버섯을 가지고 꼭 무언가를 하고 싶다면, 가끔 한두 개쯤 따는 건 괜찮아. 나무에 피는 단단한 버섯은 오래 가니까 이 책을 다 읽은 기념으로 하나쯤 따서 책상 위에 두면 좋을 거야. 보관하기 전에 버섯을 냉동실에 이틀 동안 넣어 두었다가 꺼내. 그리고 며칠 뒤에 다시 이틀 동안 냉동했다가 꺼내. 그렇게 하면 안에 있던 벌레들이 버섯을 야금야금 먹어 치우는 걸 막을 수 있어.

버섯을 더 잘 살펴보기 위해서 따는 건 어떨까? 주머니에 거울을 넣고 다니면 버섯을 따지 않고도 갓 아래쪽까지 볼 수 있어.

버섯 포자 프린트를 찍어 보자

포자 색깔도 버섯을 구분할 때 필요한 특징이야. 하지만 자연에서는 색깔을 확인하기 어려워. 나무에 피는 버섯의 포자 색깔은 가끔 볼 수 있어. 위쪽 버섯에서 떨어진 포자가 아래쪽 버섯 위에 쌓이기도 하거든. 다른 버섯은 포자 프린트를 해야 색깔이 보여. 포자 프린트를 하려면 버섯갓이 필요해. 꼭 하고 싶다면, 버섯 채취가 허용된 곳에서 한두 개만 따.

> 시장이나 슈퍼마켓에서 파는 버섯으로는 포자 프린트가 잘 안 나와.

포자 프린트 실험

준비물
- 흰색 종이(어두운색 포자가 잘 보여.)
- 검은색 종이(밝은색 포자가 잘 보여.)
- 버섯갓 하나
- 유리컵

실험 순서
1. 흰 종이와 검은 종이를 붙여 놓고, 그 위에 버섯갓을 그림처럼 놓아.
2. 버섯갓 위에 유리컵을 씌워. 포자는 약한 바람에도 날아가 버리거든.
3. 하룻밤쯤 기다려.
4. 조심스럽게 유리컵과 버섯갓을 치워.
5. 종이에 버섯갓 모양의 무늬가 찍혔어? 그렇다면 실험 성공! 프린트 위에 투명 테이프를 붙이면, 오래 보관할 수 있어.

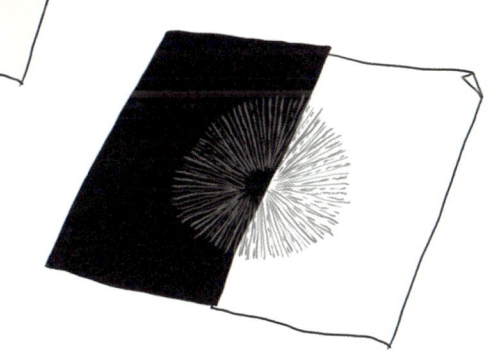

마지막 테스트

이 책이 거의 끝나 가. 제목을 보고는 버섯 책인
줄 알았을 거야. 여기까지 읽었으니 이 책에 훨씬 더 많은 이야기가
담겼다는 걸 이젠 알겠지. 버섯이 어마어마한 균사체의 한 부분이라는
것도 알았을 테고. 네가 아는 것처럼 곰팡이 왕국 균계에는 식물계나
동물계만큼 다양한 종이 있어. 곰팡이는 지루하고 멍청한 솜뭉치가
아니야. 영리한 조종자도 있고, 교활한 악당도 있고, 부지런한 일꾼도 있어.
이렇게 곰팡이한테 마치 사람 같은 특징이 있어. 그 반대로 사람에게도
곰팡이 같은 특징이 있지. 곰팡이가 다양한 것처럼 사람도 다양해.
너는 어떤 곰팡이를 닮았는지 이 테스트를 해 봐.

넌 어떤 곰팡이일까?

곰팡이 버섯 사전

갈색부후균
곰팡이의 한 종류로 셀룰로스만 분해한다. 갈색부후균이 분해한 나무는 갈색으로 변하고 잘 부서진다.

공생
둘 또는 그 이상의 생물들이 협력하여 사는 일.

관공상 버섯
갓 아래에 작은 빨대처럼 생긴 튜브가 빼곡하게 박혀 있는 버섯.

균계
과학자들이 곰팡이 왕국을 부르는 이름.

균근
협력하면서 함께 자라는 곰팡이와 식물 뿌리.

균륜
땅 위에 버섯들로 이루어진 고리. 버섯고리라고 부르기도 한다.

균사
곰팡이 몸을 이루는 실 모양 구조. 팡이실이라고도 한다.

균사체
균사로 이루어진 네트워크.

균학
곰팡이를 연구하는 과학.

균핵
곰팡이가 혹독한 환경에서 생존하기 위해서 만든 작은 덩어리.

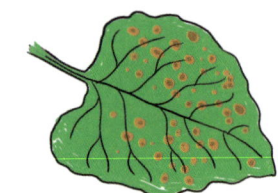

녹병균
식물에 병을 일으키는 곰팡이 종류.

담자균문
곤봉처럼 생긴 담자기에서 포자를 만드는 곰팡이 무리. 보통 담자기 하나에 포자가 4개씩 생긴다.

담자기
담자균문 곰팡이가 포자를 만드는 기관.

목질소
나무를 이루는 물질로 소화하기 매우 어렵다.

무좀
곰팡이 감염으로 생기는 피부병. 발가락 사이에 많이 생긴다.

버섯
곰팡이가 포자를 퍼뜨리기 위해 만들어 내는 자실체.

복균류 버섯
공처럼 둥그렇게 생긴 버섯으로 공 안쪽에서 포자를 만들며, 버섯이 터지면서 포자를 퍼뜨린다.

부엽토
죽은 풀, 낙엽, 나무가 썩어서 된 흙.

세포
생물을 이루는 가장 작은 단위.

세포벽
식물 세포 바깥쪽을 둘러싸고 있는 막. 셀룰로스가 주요 성분이다.

세포핵
세포 안에 있는 기관으로 세포의 뇌라고 할 수 있다.

셀룰로스
식물을 구성하는 물질로 소화하기 어렵다.

원기
버섯을 구성하는 모든 것이 알 모양으로 뭉쳐 있는 것.

자낭균문
길쭉한 주머니 모양인 자낭에서 포자를 만드는 곰팡이 무리. 보통 자낭 한 개에 포자가 8개 들어 있다. 콩이 8개 들어 있는 꼬투리와 비슷하다.

자실체
곰팡이 포자를 만드는 기관이 자리한 부위. 버섯은 곰팡이의 자실체다.

주름살
버섯갓 아래쪽에 주름 모양으로 접혀 있는 부분.

주름상 버섯
버섯갓 아래쪽에 주름살이 있는 버섯.

치아상 버섯
버섯갓 아래쪽이 뾰족한 침이 모여 있는 모양인 버섯.

키틴
곰팡이 세포를 구성하는 단단한 물질. 곤충, 거미, 바닷가재의 껍질에도 키틴이 많이 들어 있다.

포자
곰팡이가 번식을 위해 만드는 세포. 식물의 씨앗과 비슷하다. 이끼와 고사리도 포자를 만든다.

포자 프린트
버섯갓을 종이 위에 올려놓고, 거기서 떨어지는 포자가 만드는 무늬를 보는 활동.

항생제
박테리아를 죽이는 독성을 지닌 항생물질로 만든 약.

효모
세포 하나로 이루어진 곰팡이.

효소
생물이 물질을 합성하거나 분해하는 일의 속도를 높이는 기능을 하는 물질.

흰가루병
살아 있는 식물 잎에 곰팡이가 자라면서 일으키는 병.

흰색부후균
목질소를 주로 분해하는 곰팡이. 흰색부후균이 분해하여 썩은 나무는 부드럽고 색깔은 희다.

wood wide web
곰팡이로 연결된 숲의 네트워크를 가리키는 영어.

찾아보기

ㄱ

가위개미 91
갈색부후균 62
감귤녹색곰팡이 105
감자역병균 56, 104
갓 37
개암버섯 131
검은마귀숟갈버섯 8, 53
격벽 22, 24
고깔갈색먹물버섯 55
곰보버섯 53, 54
관공상 버섯 38
광대버섯 36, 37, 38, 83, 100, 131
광대버섯류 126
광합성 44
구름송편버섯 53
균계 44
균근 81
균류 40
균사 20, 21, 24
균사체 20, 21, 24
균핵 41
그물버섯 38, 108, 109
그물버섯류 126
기생덧부치버섯 66
긴발콩꼬투리버섯 108
깔대기지의 89
껍질고약버섯 66
꽃바구니버섯 12
꽃버섯 9
꾀꼬리버섯 110

ㄴ

노란개암버섯 62
노란아스페곰팡이 105
노랑싸리버섯 12
노루궁뎅이 12
노른자지의(*Xanthoria parietina*) 88
녹병균 65
녹슨버짐버섯 107, 130
누룩곰팡이 114, 116
느타리버섯 111, 117

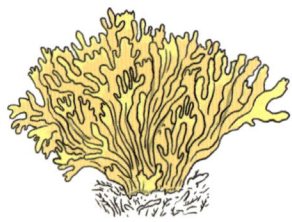

ㄷ

달걀광대버섯(*Amanita caesarea*) 110
담자균문 50, 51, 52, 53
담자기 38, 52
대 37
대주머니 37
댕구알버섯 14, 38, 57, 127
덕다리버섯 62
독검댕곰팡이 107
돌말 65
동충하초 69
두엄먹물버섯 114
들주발버섯 53, 114
딱정벌레 95

ㄹ

린네, 칼 폰 44

ㅁ

마귀곰보버섯 100
마귀광대버섯 100
마귀그물버섯(*Rubroboletus satanas*) 100
마그나포르테 그리세아(*Magnaporthe grisea*) 105
말굽버섯 62, 63, 114

말뚝버섯 53
말뚝버섯류 127
말불버섯류 127
망태말뚝버섯 13, 131
맥각균 102
먹물버섯 39, 85
먹물버섯류 126
모닐리옵토라 페르니키오사(*Moniliophthora perniciosa*) 12
모래주름갓버섯(*Psathyrella ammophila*) 9
목도리방귀버섯 67
목수개미 70, 71
목이버섯 114
목재부후균 62
목질소 26, 60
무당버섯 66
무당버섯류 127
무좀 99
문 50, 51
물곰팡이 56, 104
물푸레나무잎마름병 64, 106

ㅂ

박테리아 46, 89
발톱개구리 72, 73
배불뚝이연기버섯 114
버섯갓 37
버섯고리 40
벌집구멍장이버섯 12
베스테르데이크, 요한나 120
복균류 38
부엽토 76
붉은대그물버섯 53
붉은바구니버섯 103
붉은요정컵지의(*Cladonia coccifera*) 90
빵효모 120
뽕나무버섯 14, 62

ㅅ

사슴지의 89
삿갓외대버섯 100

134

생식세포 28
선녀낙엽버섯 9
선형동물 68
세포 22
세포막 22
세포벽 22
세포핵 23, 24
셀룰로스 26, 60, 94
소피자 35
소혀버섯 108
송곳끈적버섯(*Cortinarius alnetorum*) 15
송로버섯 32, 110
송편버섯류 127
수염지의(*Xanthoria parietina*) 89
술잔버섯 9, 68

ㅇ
아교뿔버섯 93
아스페르길루스 소야이(*Aspergillus sojae*) 113
알광대버섯 100
애주름버섯류 126
양송이버섯 111
엔토몹토라 무스카이(*Entomophthora muscae*) 69
여름양송이(*Agaricus bitorquis*) 9, 39, 130
열대우림 72, 73, 77
엽록소 44
왕잎새버섯 64, 127
원기 36
유령 식물 87
이스트 113
잎새버섯 114

ㅈ
자낭 52
자낭균문 50, 51, 52, 53
자실체 30
자작나무시루뻔버섯 114
자작나무잔나비버섯 39, 62
자주졸각버섯 8
잔나비버섯류 127
잣뽕나무버섯 15

점균류 56
점박이어리알버섯 55, 100
접시버섯 12
젖버섯류 127
조류 46, 88
주름살 37
주름상 버섯 38

주름안장버섯 12, 53
주름찻잔버섯 34, 35
지의류 88, 89, 121, 131
짝짓기 28

ㅊ
치아상 버섯 38
침향나무 108

ㅋ
칼바티아 스쿨프타(*Calvatia sculpta*) 12
콩꼬투리버섯 12, 53
큰갓버섯 53, 127
큰졸각버섯 9
키틴 22, 44

ㅌ
턱받이 37
턱받이광대버섯 100
턱수염버섯 38

ㅍ
페니실리움 로퀘포르티(*Penicillium roqueforti*) 112
페니실리움 카멤베르티(*Penicillium camemberti*) 112

페니실린 114, 115
포식동충하초속 70, 71
포자 29, 31, 32, 35, 52, 77
표고버섯 111
푸른곰팡이 115
푸사리움속 118
프로토택사이트 48
프실로키베 세밀란케아타(*Psilocybe semilanceata*) 118
플레밍, 알렉산더 115

ㅎ
항생제 75, 115
항아리곰팡이 72, 73
헤스페로미케스(*Hesperomyces*) 68
호밀 102
호박등버섯(*Omphalotus olearius*) 14
환각 버섯 118, 119
황금흰목이 9, 66, 131
황색망사먼지 56
황토색어리알버섯 53
효모 23, 24, 113, 116
후추통버섯(*Myriostoma coliforme*) 8
휘태커, 로버트 44
흑잔나비버섯 14
흰가루병 65
흰개미 14, 92
흰색부후균 62
흰송로버섯 15

글 헤르트얀 루버르스

네덜란드 미델뷔르흐에서 태어났습니다. 위트레흐트 대학교에서 과학교육과 해양생물학을 공부하고, 세계자연기금(WWF)에서 어린이를 위한 잡지 〈TAM TAM〉의 편집장으로 일했습니다. 자연이 파괴되는 두 가지 주요 원인이 무지와 무관심이라고 생각하며, 이를 극복하기 위해 자연의 경이와 생명의 매력을 알리는 글을 씁니다. 2023년에 《Briljante planten(똑똑한 식물)》로 네덜란드에서 가장 뛰어난 어린이책에 주는 'Zilveren Griffel 상'을 받았습니다.

그림 웬디 판더스

네덜란드의 그래픽 디자이너이자 일러스트레이터입니다. 로테르담에 있는 빌럼 더코닝 아카데미에서 그래픽 디자인을 공부했습니다. 여러 신문, 잡지, 도서에 일러스트레이션 작업을 하고 있으며 가장 좋아하는 분야는 어린이책입니다. 2011년에는 네덜란드 최고의 일러스트레이션 도서에 수여하는 골든 페인트브러시 명예상을 수상했습니다. 국내에 출간된 책으로는 《안녕! 지구인》, 《시간은 펠릭스 마음대로 흐른다》, 《가짜 vs 진짜》 들이 있습니다.

옮김 신동경

서울대학교 독어교육과를 졸업했습니다. 《단위가 사라졌다》, 《나는 138억 살》 들을 쓰고, 《끝없는 우주 이야기》, 《손은 똑똑해》, 《백신은 똑똑해》 들을 옮겼습니다.

감수 정다운

이화여자대학교 환경공학과를 졸업하고, 텍사스 에이엔엠 대학에서 식물병리 미생물학으로 박사 학위를 받았습니다. 다트머스 대학에서 연구원으로 일했고, 현재 국립해양생물자원관에서 바다곰팡이를 연구하고 있습니다. 《나는 곰팡이다》, 《The Ghost 몸의 주인은 나야!》 들을 썼습니다.

초판 1쇄 발행 2024년 5월 30일
초판 2쇄 발행 2024년 11월 1일

글 헤르트얀 루버르스 • **그림** 웬디 판더스 • **옮김** 신동경 • **감수** 정다운
펴낸이 이선아 신동경 • **디자인** 진보라
펴낸곳 판퍼블리싱 • **출판등록** 2022년 9월 21일 제2022-000007호
주소 서울시 마포구 연남로3길 73-6 2층 • **이메일** panpublishing@naver.com
ISBN 979-11-983600-8-3 77400

• 책값은 뒤표지에 있습니다.
• 잘못 만들어진 책은 구입하신 서점에서 교환해 드립니다.
• 이 책은 저작권법에 의하여 보호를 받는 저작물이므로 무단 전재와 복제를 금합니다.